【文庫クセジュ】

透視術

予言と占いの歴史

ジョゼフ・デスアール／アニク・デスアール著
阿部静子／笹本孝訳

白水社

目次

はじめに　透視術の信憑性について

透視術は昔から、悪魔との契約によって生まれる「超自然的能力」として糾弾されてきた。こんにちでも、迷信やドグマとは無縁だと信じこんでいる人たちからは単なるお伽ばなしとしてかえりみられない。だが透視術は、好奇心という人間の抗いがたい欲求に応えるべく、今なお厳然と存在しつづけているのであり、のみならず、ある種の人たちにとってはまぎれもない現実であり、一つの知覚の形態であるには違いないのである。

透視術が科学的な関心の対象となったのは、ここ数年来のことである。世界各国のすぐれた学者たちによる研究や実験によって、いまでは第六感が存在することが立証されている。第六感は、きわめて例外的な発見によってもたらされるものを、われわれがわずかに垣間見ることのできる、探究領野や可能性を表わしている。この点に関しては、著名な超心理学者のひとり、ミラン・リズル博士がいみじくもこう語っている。(1)

「科学およびあらゆる現代文明の発達は、生活の技術的・物質的側面の価値を優先させるようになってきているため、現代社会の人間は、自分たちの内面的生活からますます遠ざかってしまっている。私の考えでは、超心理学的探求こそがそうした傾向を逆転させ、人間の関心を今までとは違った宇宙的存在観から見た自己の姿へと向けさせ、自我の諸力や構成要素を、あらたな視野から展望させるものであると思うのだ」。

（1）S・オストランダー、L・シュレーダー共著『ソ連邦における超心理学研究の目覚ましい成果』、ラフォンン社、一九七三年、四二一頁。

それでは、ここで言う超心理学的探求とは何なのだろうか？　ルイス・パウェルズ、ジャック・ヴェルジェ共著の有名な『魔術師たちの朝』では、この新参者の科学の目指すところを次のようにまとめている。

「超心理学的実験は、人間と宇宙との間に、通常の感覚で構成されるものとは異なる次元の関係があることを立証しようとするものである。そうなれば普通の人間が誰でも、離れたところからであれ壁越しであれ、事物を感知することができるようになるだろうし、手を触れることなく事物を動かしたり、自分の考えや気持ちを他の人間の神経組織のなかに投影させ働かせたり、ときには未来の出来事を知ることさえできるようになるだろう」。

したがってこんにちでは、占い術や透視術を荒唐無稽なものとして笑いとばすことはもはやできないのであり、これを、人間の意識の奥底に眠っていて、長い間日の目を見なかった一つの能力として考えるべきであろう。

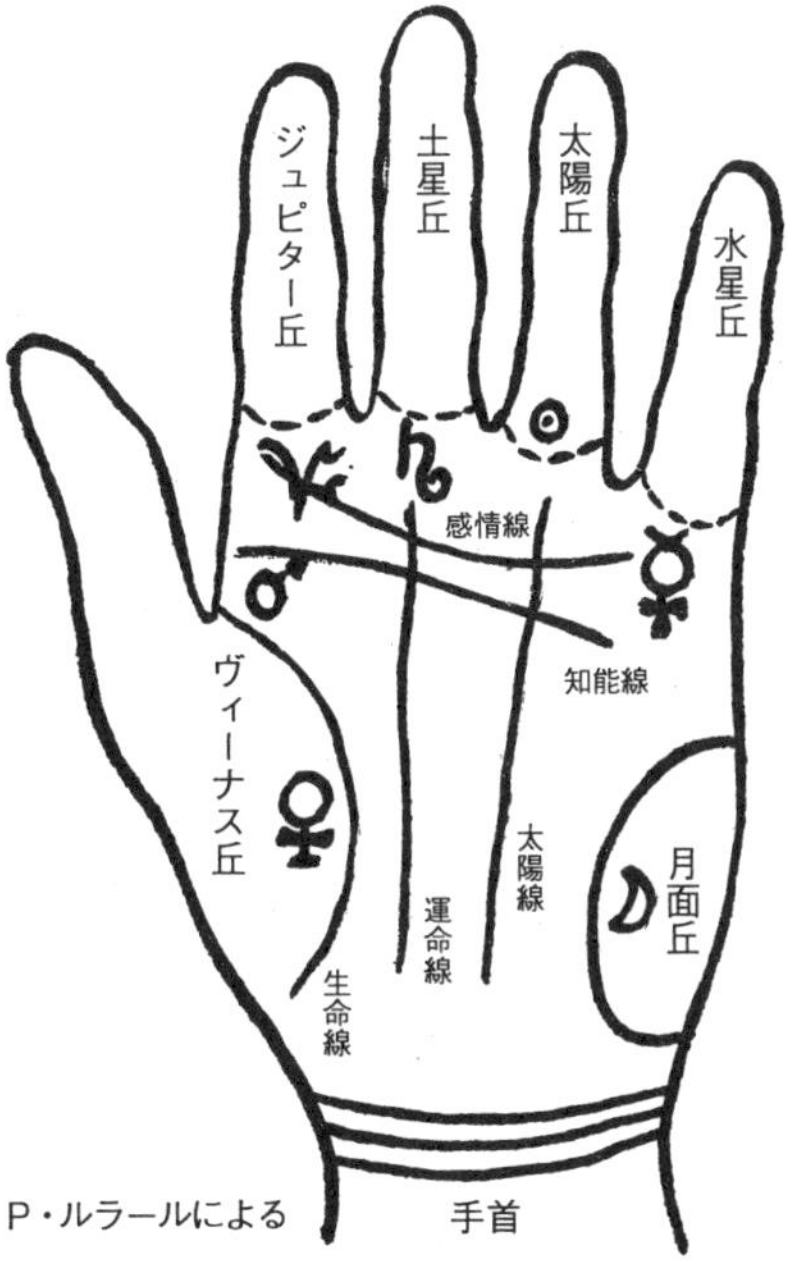

図1
人の手相．手の形，手掌の線は各人みな異なり，同じ手は二つとない．この不思議な事実がまさに手相占いの源となっているのであり，手相占いは，手の形や手相を観察することによって，個人の心理的・性格的特徴ばかりでなく，その過去と未来についてもその徴候をはっきりとみてとることができるのである．
また手相占いは，手相を通して個人の生理的状況や病気の危険性なども診断する．

第一章　総論

I　透視術とは何か?

現在、われわれが知るかぎりでは、人間の超能力に関する研究はまだ始まったばかりであり、透視のメカニズムを明らかにするのは時期尚早に思える。したがって、ここでは透視術のさまざまな成果を見定めるだけにとどめたい。

ここでいう透視能力とは、何ら超自然的なもの、あるいは神がかり的なものの仲介なしに、個人ないしは集団のうちにひそむ彼らの過去、現在、未来の諸事実を、一人の人間が時空を超えて感知しうる能力のことである。

こうした予知能力は、内的霊感ともいうべき純粋に直感的な形をとる場合もあれば（直接透視）、部分的にさまざまな方法を取り入れた形をとる場合もある（占いがその代表例）。何世紀ものあいだ、人間は無知からくる偏見から、透視術を魔術と混同し、さらには妖術の同類とさえみなしてきた。すなわち、将来のことや眼に見えない世界のことは、「神のみぞ知る」ところであって、そうした分野に足を踏み入れるものは、「悪魔の能力」の持主と見なすべきだ、というのである。透視術の行使は、歴史が示すごとく、おおむね危険な行為とされてきたのである。

ここで神託についていえば、この場合はその神学的観点から、透視術とは趣きを異にする。キリスト教の信者にとって、霊感はあくまで神聖なものであり、神は「選ばれた」人間に、通常は近づきえない王国の扉を開き、未知の世界を知りえたものはその価値を絶対的な次元にまで高められるのである。

現在、通常の認識方法によらずに、過去、現在、未来の未知の情報を手に入れることのできる能力の代名詞としては、透視術、透視、予感、予知などがある。超心理学で言う「超感覚的知覚」に属するものである。

この超感覚的知覚は、いわゆる五感には頼らずに、むしろ無意識的かつ分析不可能な人間の精神活動の力をかりているものと思われる。透視術師は外部の世界のなかから無意識に未知の何ものかを感じ取り、そのあとそれは、日常的な視覚・聴覚、あるいは直感や夢などの心的活動を通して意識へと伝えられるのである。

こうした天賦の才は、「透視術師」というごく少数の人たちにおいて、より発達していることは確かであろうが、本来はあらゆる人の心の奥底に潜在能力として存在するもののように思われる。

Ⅱ　超感覚的知覚のさまざまなかたち

透視――この一般によく知られている超感覚的知覚は、通常「ネガ」と呼ばれるイメージを「みる」ことにある。それらのヴィジョンは、通常の覚醒時に見られるものとはまったく異なり、形態からみると、ややシュルレアリスム的な夢の例に近いと言えるだろう。これらのヴィジョンは透明であり、オーバーラップした形で現われ、通常の事物に対する視覚をほとんど変えることはない。このようにして現われるイメージは、静的であったりダイナミックであったりするが、いずれにしてもそれは、精神の前で展開され、ときには断片的にしか記憶にとどめることができないような映画に似ているとも言えよう。

透視がもたらす「ネガ」は、必ずしもはっきりしたものとはかぎらず、ときには象徴的でさえある。となると次のような問いが生じるだろう。いったい象徴を「見る」ことはできるものなのだろうか？それはともかく、その意味は知ることができるべきだろうし、さもないと、数多くの透視術師たちに、少なくとも最少限の心理学上の基礎知識を押しつけようとする、透視術の批判者たちの言い分が正しいことにもなってしまうだろう。

象徴を見ること、この現象に答えようとする場合、次のような推論が可能である。すなわち透視術師は、まずはじめに無意識のうちに透視のデータをとらえ、ついで頭のなかでそれを「濾過」し、さらに独自の象徴によってそれを解釈する、というものだ。あるいはまた偉大な心理学者、C・J・ユングにならえば、透視術師は人間が古代から引きついできた、「原型」という無意識の世界のなかに、象徴を探し求めるというものである。

いずれにせよ透視の「ネガ」は、天賦の才能に恵まれた被験者たちのなかに自然に現われるものなのであろうが、しかし、往々にしてその発現にとって好都合な、恵まれた状態を必要とするのである。

その際用いられる方法は、精神の集中、自己催眠、あるいは考えうるさまざまな占いの方法に依拠したものであるが、この点については後に触れよう。

透視は一種の間歇的な状態であって、「全的ヴィジョン」ではなく、ネガは選ばれ、分類されているようである。ネガが透視術師の意識にまで伝えられるのは、一般に透視の依頼人を前にしたとき、または何らかの問題に直面したときの、観念連合の働きを通した場合に限られる。この内的「ヴィジョン」は、いわゆる視覚に頼るのではなく、目を閉じた状態でも感知されるのであって、このことから盲人の透視という事実も説明されるのである。

さらにこの種のヴィジョンは、伝統的なヒンズー教の秘教主義にならえば、「第三の眼」によって生み出される、とも言うことができよう。

透聴——この場合は、いかなるヴィジョンもネガも現われない。聴覚だけがこの超常現象に関わっているのであって、占い師の心の奥底でたてられるさまざまな音やつぶやかれる言葉や文句、あるいは何らかの外部の声を聞き取るのである。

とくに最後のケースでは、テープレコーダの録音データに基づいた数多くの科学的実験が、これが幻聴によるものではなく、実際に聞きとられたものであることを立証している。

この形態の透視からは、次の二つの仮説が生まれている。

①透聴術師の下意識が聴いたメッセージを確認すると、それに続いて精神がはたらいて解読し、明白な意味のある「言葉や文章」に変え、それが意識にまで達するのではないか、という説。この場合、占い師は、いわば伝言の「受信者兼送信者」という役割を果たすことになるだろう。

②死者たちが、交霊術で「霊媒」と呼ばれる透視術師の力を借りて、生者たちとコンタクトを得ようとしているのではないか、という説。この場合、霊媒は受信者の役を果し、われわれはテレパシーによって、あの世とじかに向き合うことになる。ほとんどの透視術師たちにとって重要なのは、言うまでもなく死後の生命の証人であることであり、彼らは、受信した伝言の出所に関しては、それがあの世からで

あることを信じて疑わないのである。

透聴術師たちの体験は特異なものである。それは、「自分のなかで何ものかが話しているのをはっきり聞きとる」というもので、ときには外国語の場合すらあり、疑いなく、きわめて驚くべき体験と言えるだろう。こうした形の占いは、多くの占い師たちを奥深い神秘的な精神状態へと導いてきた。占い師たちは、自分たちを神、ないしは「天使たち」と直接、交流しているものと信じたのである。たとえば十九世紀末に、チャリティ・バザー会場の大火事をはっきりと予言し、大いなる人気を博したアンリエット・クードン嬢は、大天使ガブリエルから霊感を受けたと信じていた。

神秘的な精神の高揚状態が、透聴に通じるケースもある。ジャンヌ・ダルクは、確かにすぐれた透聴力をもつ被験者であったことは間違いない。しかし、彼女の知覚にどの程度、神聖なものが介在したか、という点については慎重を期したほうがよいだろう。

透聴は、何の前ぶれもなく起こることが多いのだが、何と言っても精神の集中、瞑想、凝視が透聴による知覚にはきわめて適した状況のように思える。

直感――直感による透視は、明らかに最も特権的な超感覚的知覚であり、事実、世界中で最も広く知られた予言の方法であろう。この場合は、人間の生まれ持った能力、すなわち聴覚、視覚が介入することはないため、純粋な状態における透視ということになる。つまり、「第六感」だけが考慮されるのである。

占い師は、一種の内的な力が自分のうちに侵入し、超感覚的メッセージの全部、あるいは一部を意識の次元にまでのぼらせる間に、受身のかたちで自分の役割を果たすのである。透視術師は自己のうちに、提起された問題への解答をまさしく「感じとる」のである。

この形の占いは、他のいかなる形態にも増して、透視術師の力を借りることによって、人間の意識を宇宙の隠された秩序のなかへと踏み入らせる可能性を考えさせる。

透視や透聴とは反対に、直感は、制御しがたい霊感のようなものであり、精神の集中はいっさい必要とせず、ひとりでに現われるのである。このことは、ある種の透視術師たちにおける、ほぼ恒常的な超感覚的知覚の能力について説明するものである。

メッセージの解読と主観について——透視術師は何らかのメッセージをキャッチしたら、すぐそれを依頼人に口頭で伝えなければならない。メッセージは、イメージの形で現われるにせよ、音、または直感の形で現われるにせよ、非常にしばしば、一貫性を欠いていないとしても、明瞭さを欠いている場合がある。したがって透視術者は、受信したメッセージの解読を行なう必要が出てくるのであるが、二重の主観的解釈の危険が生じるのはこの段階においてである。すなわち透視術師の解釈と依頼人の解釈である。

——まず透視術師についていえば、ほかならぬ彼および彼女の人格を形成している文化的背景、宗教・政治・人種に関する考え、感受性などを考慮に入れなければいけない。これらの要素は、キャッチしたあれこれのメッセージを前にしたときに、彼および彼女が無意識にいろいろな形で反応する際に影響力をもつことがありうるからだ。そのあとではじめて、依頼人を観察することによって得られる心理学的推論が付け加わるのである。

こうしたさまざまな点を考慮すると、客観性を保つこと、知覚した内容を歪曲したり、自分の好みに合わせたり脚色したりせずに相手に伝えること、こうしたことのために、占い師の公正さに疑念を抱かせることのないようにすることが、結局どれほど難しいかが分かるのである。

——一方、依頼人のほうに関してもやはり、透視術師に向って、いくつかの可能な解釈のうちの一つを選択するように、無意識のうちにうながす、ということが考えられる。

ちなみに、透視術師が、感受した象徴やメッセージの断片をばらばらに、何ら解釈を施さずに依頼人に伝えた場合を想像してみよう。この場合、依頼人がエゴという歪んだ鏡を通して、自分の欲求と、透視術師から与えられたものとのあいだに何らかの一致を見出そうとすることはありうるし、また自然なことでもあろう。

したがって、面談に際して、この両者の間に理想的な関係を築くには、率直で明快な、何ものにも縛られない精神的態度が必要なことは明らかである。というのも、感受した啓示が変質してしまうのを避けるためには、感情的な中立を保つことこそが最も重要だからである。

自己暗示——予言の実現と暗示とは、はっきり区別しなくてはならない。というのも、占い術の分野では、結果を原因とたやすく取り違えがちだからである。

古い話になるが、あるブロンドの青年と結婚するだろう、と告げられた若い娘のはなしを例にとってみよう。土曜日の舞踏会で、娘は結婚相手に最も近いと思われる人物以外には目もくれなかった。少女がその男と結婚することになった時、こう言うであろう。以前から自分はこの結婚をはっきりと予言されていたのだ、と。しかし実際は、少女は暗示に従っただけなのである。

したがって、透視術における面談の過程では、もともと感受したメッセージと、そこから依頼人のうちに生まれる局限的な自己暗示の部分とを、明確に見分けることがきわめて重要なのである。

自由意志と予定説——ここで、とりわけ論じるのが難かしく、しかも基本的な問題に取りかかろう。

運命は存在するのだろうか？　もし存在するのであれば、運命の流れを変更することはできるのだろうか？　何故運命は、あるものにとっては優しく、あるものにとっては厳しすぎるのか？　自由意志と予定説という、この非常に重要な問いに答えるには、これら二つの相反する言葉の定義をここではっきりさせておかなければならない。

①自由意志――「自己の選択を無限に保留にできる可能性、と表現されるような、絶対的自由」（『プティ・ラルース辞典』による）。自由意志とは、したがって、行動するかしないかという個人的自由、生きるか生きるのをやめるかの自由であり、これについては自分自身による選択以外にはいかなるものの影響も受けない。

②予定説――「未来のさまざまな出来事について、これを必然的で不変のものとする規定」（『プティ・ラルース辞典』による）。この場合は自由意志とは逆に、人生におけるあらゆる出来事は、生誕時から最終的に決定され、「凍結」されているのである。あるものは運命における可能性を否定し、あるものは信じるのだが、その場合もその不変の場合において運命を判断するのである。したがって運命から逃れ、運命を変えようとする透視術師たちの忠告は、彼らにとってはまやかしであり、ぺてんの同類なのだ。

占い師たちにとっては、運命という概念のみが、現在という時点から生じたのではない、未来の未知の出来事をキャッチする能力を説明できるものであることは明らかである。

各人は、自分のうちにそれぞれ固有の未来を持っているわけだが、その未来は果たしてすべて、あらかじめ描かれているものなのだろうか？　予言者たちの知覚は、人知を超えた決定なのだろうか、それとも予告なのか？　実際には、避けることができる事件もあれば、一方では不可避の事件もまたあることが明らかになっている。

占い師たちの超常的知覚と、人生における現実とを照らし合わせてみると、人間には、運命という概念を超えて、本当の自由意志がある程度、約束されていると推測できる。

透視術師たちから見れば、実際、個人の運命が究極的に決定されているのであったとしても、また各人の人生の大きな流れがあらかじめ決定されているのであったとしても、自分自身の意志を働かせることで自分の目標に達する近道を選ぶことは、個人の自由なのである。

人間は、ある意味では、生誕時から無数の外部の影響力や要素がプログラミングされたコンピュータなのかもしれない。すなわち遺伝的・文化的・地理的・社会的・占星学的な要素、そしておそらくは神的な要素によって……（各人がどの意見を選ぶかは各人にまかせよう）。この人間という、特異で複雑なコンピュータの特性は、自分のなかに定められたプログラムのいくつかの点を、自分の「自由意志」によって変更できる可能性を秘めていることにあると言えるかもしれない。

幼児的な反応をする本能的な人間は、一般に自分のプログラムに忠実に従うだろうし、「進化した」人間は、目標は変えずに、自分の運命の歴史を自分で順次、書き改めていくことができるに違いない。

調査をしてみれば、五〇パーセントの人が運命に従い、五〇パーセントの人が自由意志を持つことが立証されるかもしれない。しかし、ここで幸せであるか不幸であるかは別にして、再び運命の問題に戻ると、否応なく、多くの透視術師たちから支持されている、魂の転生とカルマの概念について考えざるを得ない。

これら二つの言葉を定義づけるために、ここで教会創設者の神父のひとり、オリジェーヌ（一三五～二五四年）の言葉を引用したい[1]。

「魂は、非物質的で眼に見えぬものであるがゆえに、この世界に適した肉体という衣をまとわなければ、物質世界のいかなる場所にも存在することができない。魂はあるとき、それまで必要だった、そしていまではもう必要のなくなった肉体を投げすてて、別の肉体と交換するのである（魂の転生）」。

「人間の魂が、何故あるときは悪に、あるときは善に従うのか。それを知るには、現世から前世に遡ってその原因を探らなければならない（カルマ）」。

（1）アンドレ・ナタフ『転生とその不思議』、チョウ社、一九七八年、二九頁。

オリジェーヌの場合は、あらゆる霊魂は輪廻の終わりとともに救われると考える。というのも、霊魂は次々と転生することによって、罪をあがなうことができるからである。カルマ、すなわち人間の業は、人間の運命は人間の業に由来する、という考え方と深く結びついている。したがって、ある者たちがきわだって粗野であったり、またある者たちにとって、人生がまったくの悲劇であるとしても、それは部分的には、前世において彼らの化身が犯した行為のせいである、ということになるのだ。

無意識は、人間の業に応じて形づくられるのであり、数々の事件は、さまざまなアクシデントであれ、まぐれ当たりであれ、あらかじめカルマによってプログラミングされており、カルマの働きでひき起されるのである。

透視の効用と恩恵

——運命の流れのなかに自分の意志を介入させることができるとしたら、あらかじめ運命がどのように展開するかを知ることがどれほどメリットがあるか、すぐにでも理解できるだろう。予知または予告、すなわち未来に関する透視の効用は、この重要な点にかかっているのである。

実際に、透視のおかげで、未来の闇に向かう人生の航路が目に見えない暗礁へと向っていることを察知することができたら、その障害が避けられないことが分かっても、方向を転換するか、少なくともダメージを最少限にくいとめることはできるだろう。

したがって占い術師は、ある意味で、依頼人に未来の出来事に見合った行動をとらせたり、それを最大限に利用したり、場合によっては思わしくない事態を避ける可能性を与える「レーダー」の役割を果すのである。

こうした観点に立つと、透視術師が依頼人にもたらす効果がどれほどであるかが明らかになる。受信されたメッセージが悪い知らせを予告するものであったとしても、それが警告の信号となることで、今後の方向性、あるいは態度を変更するのに大いに役立つこともありうるのだ。

この種の透視は、依頼人の心の支えとなることが多い。というのもしばしば悲劇がおこるのは、人生の予期せぬ出来事を知ってそれを予防することをしないからである。一方、依頼人が困難な状況にあったり、精神的・物質的苦難の渦中にあるときは、占い師は、その未来に書き込まれている困難から抜け出すことのできる時期や希望が現われる時期を見つけだして、それと示してあげることで、チャンスの到来まで困難と闘ったり困難を耐え忍ぶ意志を相手にとりもどさせることができるのである。

こうした形の透視は、日々、世界中の何千万という人びとが危機的な状況を乗り越えるために、積極的な役割を果たしているのである。

透視のもう一つの、そして決して小さくはない効用は、依頼人の肉体的な状況、生理的な不調を探し出すことができることである。

実際に、心臓の病気に気づかずに生きている人を例に取ってみよう。透視術師はその人に忠告し、健康上の注意を促して、専門医の検査を受けに行かせるようにするのだ。かくしてその人は、何年もの人生を生き延びることができるのである。

これとはまったく種類が異なるはなしだが、世界中で、消息のわからなくなった人たちが、透視術師の超常能力のおかげでみつかった、というケースも確かにある。警察が、もつれた難事件の解決のために彼らのもとに赴くことも、しばしばである。

同じように、透視術における面談のきわめて実際的な側面について考えてみよう。すなわち、人間の孤独に対する手助けである。現代社会は匿名性が支配する社会であり、そのため、人間はますます自分を孤独だと感じるようになってきており、自分にふりかかってくるさまざまな問題に直面した際には、途方に暮れ、苦しむことになるのだ。医者に相談すればいいのだろうか？　医者は今や時間がない。聖職者はどうだろうか？　異論があるだろう。そこで人は透視術師に助けを求めるのだ。透視術師はまだ、彼の悩みに耳を傾けることができるからだ。コミュニケーションの必要性、自分の胸のうちを打ち明けたいという欲求は、依頼人の動機の四〇パーセントを占めているのである。依頼人が、一時間にもわたって相談事を話した挙げ句、透視術師が一言も発する間もなく帰っていってしまう、というケースも珍しくない。

透視の危険性——次に述べることは否定できないだろう。つまり、分別があり自覚もある透視術師であれば、占いにはさまざまなレベルの危険があることを知っている、ということである。

――最も重要な点は、透視術が強力な影響力、暗示力を持ちうる手段だということである。実際、得体の知れない連中、いかさま治療師や悪意ある占い師たちのことをどう考えたらよいのだろう。彼らは、透視が引き起こす幻惑を利用して、他人の運命に対して何事かをたくらんだり、重要な決定に対して、時には国のとるべき行動に関わる決定に対して、影響力を持つのだ。こうしたことは、過去の歴史において、実際にしばしば起こったことである。

――ある種の意志の弱い依頼人たちは、透視術のまったくの中毒患者になってしまい、しまいにはあらゆる責任も意志も放棄して、占い師の手に完全に我が身を委ねるようになってしまう。占い師はといえば、毎週繰り返し、彼らに取るべき行動を指示することになるのである。

ところで、真実はこれを告げるべきなのだろうか、あるいは黙っているべきだろうか?

依頼人の多くは、自分は強い精神力の持ち主だから、と言い張って、必ずすべてを明かしてくれるように、と要求する。しかし、ある種の真実を明かすことが、依頼人の心理にマイナスの反応を引き起こしうることは明らかである。真実がすべて口にされ、耳に入れられて良いとは限らないのである。職業透視術師のなかには、予言を行なう際に、この点に関して、時折ひどく節度のない態度を示す者がいる。自分の責任を自覚した炯眼な透視術師のみが、口をつぐむべきことと明かすべきことを知っているのであり、顧客の言葉にも惑わされることがないのである。

この点については、ベルギーの超心理学研究者、ジーン・ディールキンスの次の言葉[1]を引用して、結論としよう。

「ある種の超感覚的知覚についていえば、時には人びとに無益な苦しみを与えないようにするために、その内容を隠す必要があるが、時にはやはり、その結果を理解することのできる人びとに対しては、そのうちの幾つかの情報を、はっきりと明かすことも必要である」。

(1) ジーン・ディールキンス、クリスティーヌ・ディールキンス共著『超心理学実験概論』、カステルマン社、一九七八年、七九頁。

――前にも触れたが、次のような問題がある。受信したメッセージの解釈があまりにも難かしいために、優秀な透視術師といえども間違いを犯してしまい、場合によってはそのせいで、依頼人が誤った方向に向かってしまい、彼の人生が不幸な結果に終わってしまうことがあるのである。細心の用心と最大の誠実さが、透視術師の職業意識のまさに大前提である。それでも何人かの依頼人に、現実に損害を与えてしまう危険性は残るのだ。

――最後に、占い師の発する魔法の威光に動揺した依頼人が、間違った解釈をする可能性を考慮に入れることも必要である。ある者は、しかじかの言葉の意味を拡大解釈して、得られた情報を曲解するのであり、またある者は、生まれつき心配性で、良い情報は忘れて、悪い情報のみを取り上げるのだ。依頼人は大人のアプローチのできる、大人の人間でなければならない。

危険性の限界——依頼人が各々、自分の心の底につねに一抹の不信の念を抱いている限り、この限界は存在する。人は太古から不可思議なものに惹きつけられてはきたが、同時にそれを信じようとしない気持ちも持っているのである。

透視術師の診察室を訪れる依頼人には二種類のタイプがある。

——初めての依頼人。彼らは好奇心と同時に猜疑心を持っており、そのため自分たちが日常信じていることの対極にある事柄に対して、知的な抵抗を示すのである。この心理的な障壁があることで、彼らは透視につきまとう危険から我が身を守ることができるのである。

——常連客。職業透視術師たちは、彼らの依頼人のうちでも、最も心を開いた忠実な人が、逆説的に、彼らに対して心ひそかに疑いの念を抱いていることを知っている。占い師は自分の能力の限界を知っているから、それに憤慨することはなく、顧客のこの用心深さをまったく自然なものとして受け入れるのである。

こうした態度はまた、自身の未来の秘密を知ろうとして占い師のもとへやっては来たものの、運命の掟に従わなければならない、となった場合には、自己の心の奥にある自我が抵抗を示すような人びとが、精神的に健康であることを示す指標でもあるのだ。

時間の概念——透視術師には未来を予知する能力があるとしても、感知した未来について、それがいつ起こるかを伝えるにあたっては大きな困難を伴うものである。透視術師の多くは、この点を一致して認めている。予知に関しては、予告された出来事が起こる時期を正確に知るのはきわめて難しいのである。それでもたとえば「ネガ」を用いた透視のなかのあるものにおいては、透視で「見た」人物が身につけていた装飾や、着ていた服装との関連から、予言した出来事が起こるであろう季節を特定できるような「鍵」を与えられることがある。

また、透視においてしばしば感知される数字は、正確な情報を与えることはなく、せいぜいヒントとして役立つだけである。たとえば七という数字の場合、七日目、七か月目、七年、七で終わる日、もしくは七で終わる年のいずれかを示している、と考えられるのだ。このように、ごくまれな場合を除いて、正確な時間について知ろうとする質問にきちんと答えることは、不可能であることがわかる。それでも大多数の依頼人は、透視術師にこの質問をするのだ。というのも、依頼人の面談の狙いはとりわけ、事件を事前に知ろうとすること、それらの事件がどのような様子をしているかを知ろうとすることにあるからである。

技術？ それとも才能？——透視の能力は、各個人に潜在的に備わってはいるものの、現実には、他の人びとよりいっそう能力に恵まれた人びとのものであるようだ。なぜなら、この才能は生まれつきの、時には遺伝によるものだからである。

この現象は、ある人びとにおいては時期に関係なく、自由に現われるが、別の人びとにおいても、さまざまな外傷性の事件、つまり激しい精神的動揺とか、事故の後とかに起こるのである。しかし、そうした場合にもおおむね、それが繰り返し起こることはない。大多数の人びとにあっては、必要な状況が揃っても、それによって彼らの透視能力が発揮されることはないのである。

子供や青少年は、かなりの割合で占いの能力を持っているが、この能力は、たいていの場合、彼らが成人の年齢に達したときには失われてしまう。このことは、大人になると無意識のうちに、心理的なブレーキがかかることを証明しているといえよう。大人は教育によって、あるいは社会環境によって、この現実を拒否するようになるのだ。

長い間、透視の能力は原始社会のものであるとされてきた。というのもこの種の知覚は、実際、「文明化した」国々よりも、いわゆる「未開の」民族の間でより広くみられるからである。これは一つには、文明国では、何世紀にもわたって占いを行なうことを阻止するための数々の禁止がなされたことによって、少しずつ人びとのなかの超常能力が抑えられてきたからであり、またもう一つには、現代の理性的で機械化された生活様式によるものである。こんにちでは、画家、作家、音楽家およびあらゆる芸術一般に携わる、きわめて明敏で、感受性の強い人びとが、最も透視の能力に優れており、かつ透視に適していると言えよう。

「透視術者ではない」ある種の被験者たちを対象とした、超感覚的知覚を発達させるための学術的研究も、ある程度の成果を挙げてはいるが、得られた結果が完全に消えてしまうというわけではないにしても、ごく早い時点で不活発になってしまうことがわかっている。透視は、いまだに初期段階にある超心理学による分析の枠には収まらないのである。というのも、超心理学は、現在の段階ではまだ、透視という原理を説明する仮説を立てることができないからである。それでもなお、この人間特有の原理が存在することは疑う余地がないのである。

透視術の限界――透視という現実の発見は、途方もない出来事である。というのもそれによって、いまだ未開拓の知識のさまざまな領野、および人間のさまざまな能力への展望が開かれたからである。しかし、透視は、本書の透視の解釈に関する章でその一端に触れたように、あまりにも多くのことの要因になりやすいために、透視を全知であると考えてしまうことのないように気をつけなければならない。

透視は無意識のうちに起こるものであり、透視術師はそれがあらわれたときに捉えるのであって、いかなる方法でもそれをコントロールできるものではない。占いは意志の力には支配されないのである。依頼人たちは、この事実を良く理解していない場合が多く、しばしば質問に対する答えを与えてくれるようにと執拗に求めるのである。占い師は、ヴィジョンが現われるのを「待つ」のであり、依頼人と一体となって相互浸透の状態を作り出そうと努めるのである。しかし、けっして彼の意志を介入させることはないのだ。意志は彼の透視の実現にとっては無益なのである。

場合によっては面談の間に、短時間でネガが次々と現われ、直感がひらめくことがあるが、その間の緊張度はきわめて高く、透視術師を消耗させることさえある。それから突然、何も現われなくなってしまう。「レーダー」、つまり人間のアンテナが機能しなくなってしまうのだ。

面談の間中ずっと、いかなる透視も現われない場合もまた起こりうる。その場合は、執拗に透視が現われるのを求めても無駄である。何故このようなブロック現象が起こるのか、その理由を知ることは非常に難しい。占い師の生理的、感情的、神経的状態がその理由であるには違いないが、それがどのようにして、何故起こるのか、まだ誰にも分かっていない。

また、透視術師にも他の人間同様、感情があるから、依頼人に対して多かれ少なかれ同情を感じるものである。彼または彼女の職業倫理は、すべての人に対して同じように取り組むように、と命じるのであるが、ある種の人たちは、あるいは警戒心によって、あるいはためらいによって、または一般的な態度によって、あまりにも拒絶的な様子を示すため、占い師は、透視に必要な、心の緊張を解いた状態に達することができず、何も「見ない」ままで終わってしまうのである。

依頼人に直接手を触れないことは、透視の重大な限界の一つである。したがって、依頼人にアプローチする際には、穏やかに、共感をもってするべきであり、これは職業上の透視の場合でも、あるいは単なる通常の透視の場合でも必要なことである。そもそも、実験室の冷たい器械類に囲まれて行なわれる透視の実験がうまくいかないのは、こうした熱意に欠けるせいである。

透視の授業——超感覚的能力を教育し、発達させるためには専門の機関があり、これらの機関はとくにフランスで、何年も前から人気を博している。透視はいまだに解明されていない現象なので、これを教えることは、少なくとも危険な企てと言えよう。これらの「学校」で行なわれている授業内容は、せいぜい、各種の占いの方法や、象徴の解読方法を学ぶことである。

今までに、透視の現状に適した教育方法は何も示されていない。この方面で試みられている科学的方法は実験的段階にしかなく、したがって、能力のある被験者に現われる透視を見せることは盛んに行なっても、被験者の能力開発のための技術を示すことはあまりなされないのだ。

すでに触れたように、透視は、生まれつきの才能であるか、または大抵の場合、心理的な衝撃を受けたことによって明らかになる才能である。それでも、透視の能力を持っていることが明らかになった被験者は、まず第一に、彼らの内的世界を訓練すること、さまざまな方法によって緊張を緩和し、真の心の平穏を得ることを目指すことによって、自らの可能性を伸ばすことができるのである。その後で、彼ら独自の象徴についての知識を得て、それらの解読をするのであるが、これは、研究グループの中で行なう。グループの中ではじめて個人の能力は現実と相対して、用心深く導かれていくのである

孤独な作業は、つねにリスクを伴う。というのもある種の人びとは、実際にはきわめて凡庸な才能しかないのに、自身の能力を過信した結果、あらかじめ何ら自己批判をすることもなく、自分の幻想を唯一の支えとして、他人の人生を導くべく、迷うことなく行動してしまうのだ。

透視の検定——この問題は、自分たちの仕事を、詐欺師やいかさま治療師によって荒らされることから守りたいと望んでいる透視術師たちによって、これまでにもかなりしばしば検討されてきた。しかし、残念なことに、これ程までに複雑な能力を試験することは、実際問題として不可能である。透視術師のなかでも最もすぐれた者たちが、その能力を証明するためのテストで、残念ながら失敗してしまうこともありうるのだ。この知覚においては、その間歇性を考慮に入れなければならないし、透視のあとの休

息の必要性もまた考慮しなければならない。したがって、超心理学の現状では、透視術師の能力を認めたり、否定したりすることは、実際には出来ないのである。

偽《にせ》の予言――依頼人や一般の人びとの多くは、人生の幾つかのシーンをすでに生きたような、あるいはすでに見たような印象を持ったことで、それらのシーンを自分で予知をしたのだ、と思うことがある。実際にはこうしたことは、精神医学が「デジャ・ヴェキュ」もしくは「デジャ・ヴュ」という言葉で説明している現象でしかない。

現実に起こっていることは、次のようなものである。通常われわれは、ある情報、あるいはある行為について知ると同時に、われわれ自身の意識の状態をも知るのである。もっとわかりやすくいえば、われわれは生きていると同時に、この生きているという体験についての意識を持っている。しかし、心理状態に何らかの小さな異常が生まれたときには、われわれの脳には、時間に関してわずかなずれが出るのである。したがって、ある状況に気づいたときには、その状況はすでに起こっているのであって、すでに何らかの形で存在しているのである。行為そのものが行なわれた正確な瞬間に働かなかった知覚は、この「デジャ・ヴェキュ」という印象をもたらすのであって、本物の透視の現象と混同してはならない。これとは反対に、心配事のある人びと、あるいは不安を抱えている人びとはしばしば、不慮の災厄が彼らの身に起こる様な気がして、それを待つことだけで生きている場合がある。もし、彼の人生につらい出来事が起これば、彼はこう思うのだ。私はこのことをはっきりと感じていた、私は予測していた、と。実際にはそれは、些かも予知などではなく、精神病理学上の幾つかの要素が潜在的な不安と結びついたものでしかないのである。

さらに、幾つかの無意識の心理的な事情があいまって、さまざまな状況をつくりだすことがある。これは、自分の未来について非常に明確な考えを持っている人びとの場合に起こることである。たとえば運転免許証の取得に失敗する、と確信した若者を例に取ってみよう。「運命の日」、些細な運転ミスをした彼は、車を止めてこう言うのだ。僕はこうなることをはっきりと予感していた、と。彼は自分の「予知」を証明するために、自己暗示によって何でもしようとするのだ。

無意識の暗示と自己暗示は、このように「偽《にせ》の透視」と呼ばれるものの重要な要因である。しかし、多くの人びとはそれが事実であると確信しているのであり、したがって、ここではっきりと区別しておくことが必要なのである。

第二章　テレパシーと心理学の役割

I　テレパシーとは何か？

いわゆるテレパシー、この思考の通信機能にあっては、物理的にはどうしても説明ができないやり方で、個から個へと意志が伝えられる。テレパシーは、超心理学研究の出発点からその対象であったし、今ではその存在は、実験的にも確かめられている。

とくに強烈な感情的ショックを受けた場合において、特別な超常能力こそもたないが心情的結びつきがきわめて深い人間同士のあいだで、この上なく自然で感動的なテレパシー現象が起こるのだ。二人を隔てる距離はこの際、問題にならないのである。

他の超常能力と同様に、テレパシーによって自分の考えを伝えたり、受けとったりする能力も万人共有のものであるようだ。とは言っても、ここでもやはり先天的な能力差がみられることも確かである。

テレパシーにおいては、意志を伝えようとするいわゆる「送信者」が、それを「受信する者」と対峙するのである。

テレパシーを科学的に研究する場合、ゼナー・カードが用いられることがある。送信者が一枚のカードをみつめ、受信者がそれを当てる、というものである。また送信者が一枚のデッサンを描き、デッサンに意識を集中させているあいだに受信者にそれを再生させようという実験も、幾度か試みられている。

透視とテレパシーは、互いにきわめて似た超常能力である。というのは、一方は客観的出来事を感知する能力であり、他方は他人の考えを感知する能力であるが、どちらも五官のどれにも依拠していないからである。

透視におけるテレパシーの役割――ある個人が現実に体験している出来事に関わる透視を、テレパシーによるものであると考えることもできる。実際に、訪ねてきた依頼人の顔に、その人の心を占めている心配事が刻み込まれているのを、透視術師が「テレパシーによって」読みとる、という場合があるのだ。

しかしながらこの仮説が正しいとなると、依頼人の現在に関わる知覚をキャッチする場合において、透視とテレパシーとのあいだに境界をもうけることがきわめて難しくなる。

したがってこう言うべきであろう。依頼人との面談の過程においてテレパシーの果たす役割はありうるが、それは制限付きのものである、と。テレパシーの能力は、これから起こることを「読みとる」ことはできず、知りうることはあくまで現在のことに限られるからである。

心理学との関係——透視術師や女透視術師のあるものは、自分たちの能力の衰えを補おうとして、時には巧妙なトリックを用いることがあるが、これを不正行為と言い切るのは難しい。それがどのようなものであるかを見てみよう。

「占い術は二つの面を持っていると言えるだろう。推測と本来の占いの二つである。そして後者のかたちのみが超常能力の分野に属するものである。「推測」は実際、理性的行為であって、相手の表情、服装、身につけている宝飾類、態度、目つき、しゃべり方、手の表情、会話の仕方などの全体から、論理的に推論されたものが基になっている。したがって依頼人をびっくりさせるような情報を集めることはできるが、実際は相手がすでに知っていること以外、何も教えることはできないのである[1]」。

(1) R・トケ『人間の秘められたさまざまな能力』、レ・プロデュクシオン・ド・パリ社、一九六三年。

とはいえ、きわめて才能に恵まれた透視術師の場合でさえ、何らかの理由で超常能力が不足した場合に、超常能力によるよりも心理的な推論に頼った方が、時によりよい予言をすることができるのも事実である。このように、透視のあらゆる場合において心理学が明白な役割を果たすことは否定できないとはいえ、そのことから透視術者の「サイ」の能力までを否定することはできない。心理学はいわば透視術を支え、そのたどるべき方向を示し、また透視における解釈の間違いを減らすことに一役買って、依頼人のその後の人生に取り返しのつかない傷を残すことを防ぐのに役立つのである。

要するに心理学は、透視術師が相手に言ったほうがいいのか、黙っていたほうがいいのか、判断する際の警報の役割をはたして、透視の面談に不可欠な、依頼人との間の調和のとれた人間関係を築く手助けとなるのだ。

さらにつけ加えると、すべての職業透視術師は、心理学に真面目にとりくむべきである。とくに、たとえば新米の透視術師が、無意識のうちに軽はずみな言葉によって、相手にきわめて深刻な心理的ダメージを与えてしまうケースに見られるように、透視はあまりにも重大な結果をもたらす行為であるがゆえに、なおさらその必要性は大きい。

第三章　透視のメディア

いつの時代でも、占い師たちは、それぞれ「……占い」という名のもとで、定められたさまざまの手法を用いて占いを行なってきた。こんにちではこれらに「メディア」という語を当てるのが一般的だろう。実際には、これらの占いの手法は、超心理学的能力に恵まれた被験者たちがそれを用いることによってのみ、効力を発揮するものなのである。これらの手法のなかには、占星術のように科学に近い様相をしたものもあるが、その場合もやはりこれらを使用する占い師たちに天賦の超常能力が備わっていなかった場合には、科学的観点からも、占いの観点からも何の価値もなくなってしまう、という事実には変わりがない。

占いのテクニックは、次の六つのカテゴリーに分けられる。

(I)象徴的メディア　(II)幻惑的メディア　(III)分析的メディア
(IV)霊媒　(V)震動メディア　(VI)幻覚メディア

この小著で、以上六つの内容のすべてに触れるのは無理なので、ここではそれぞれのカテゴリーのなかで重要なものについてだけ述べることにする。

I　象徴的メディア

――トランプ占いとタロット占い
――コーヒーの出しがら占い
――卵の白味占い
――インクの染み占い
――ロウソク占い
――夢占い
――穀物の種占い
――聖書占い

トランプ占いとタロット占い（カルトマンシー）——カード占いの起源はおよそ十六世紀に遡るが、真の発展期を迎えるのは十八世紀末である。十八世紀末にエッティラが完成させたこの方法は、これまで広く世界に流布しており、弱まる気配はない。ルノルマン嬢もまた、カード占いの流行に大きな役割を果たしている。こんにち、この比較的新しい占い方法は、西欧やアメリカの占い師たちによって最も幅広く用いられている。

通常のトランプ・カードによる占いの方法は、まず数枚のカードを抜きとり、それらの数字、配列、共通点などとの関連から、メッセージを解読することにある。

タロット・カードの場合は、占星術、錬金術および大アルカナ札と小アルカナ札に関連した象徴的意味について、より正確で、より詳しい知識が必要である。

タロットやトランプを使った占いは、透視術師たちに非常に尊重されているにもかかわらず、一般に人々は情報が充分でないため、透視の面談において、偶然引かれたカードがどうして自分の運命を決めるのか、理解できない。これは実際に、占い師がカードを「引く」ときに起こることについて無知であることからくるのだが、それは次のようなことである。

図2

タロットを使ったカード占いは，西洋では最も広く行なわれる占いの一つである．タロット・カードの１組は，ラームあるいはアルカナと呼ばれる７８枚のカードから成り，それらは２２枚の大アルカナと５６枚の小アルカナに再区分される．

大アルカナには番号がついており，次のようになっている．

Ⅰ.	マジシャン	XII.	吊るされた男
Ⅱ.	女教皇	XIII.	死
Ⅲ.	女帝	XIV.	節制
Ⅳ.	皇帝	XV.	悪魔
Ⅴ.	教皇	XVI.	神の家
Ⅵ.	恋人	XVII.	星
Ⅶ.	戦車	XVIII.	月
Ⅷ.	正義	XIX.	太陽
Ⅸ.	隠者	XX.	審判
Ⅹ.	運命の輪	XXI.	世界
Ⅺ.	力	XXII.	大手つめ

５６枚の小アルカナは棒，剣，カップ，コイン（ドゥニエ貨）の４つのグループに分かれている．それぞれのシリーズは，キング，クイーン，騎士，ジャック，および1から10までの１０枚のカードから成っている．

――抜きとられるカードはまったくの偶然によってのみ決まる。

――選ばれたカードは、それぞれのシンボル、ないしはカードの場所によって、特定のテーマを示している。

――占い師は、まずこれらのカードが表わすシンボルを、心理学的に分析する。それらのカードが指し示す基本的な方向へ、精神をカードに導かれるままにまかせる。

――出たカードにはそれぞれ、幾通りかの解釈がありうるため、透視術師はみつめたカードから類推によって、一つの解釈を直感的に得ようとする。したがってカードはこの場合、透視術師が従うべき方向を定めるのであり、直感的占いにおけるメディアなのである。

コーヒーの出しがら占い（カフェドマンシー）――この風変わりな透視のメディアは、現代ではフランスの占い師の間で使われることはまれである。大流行したのはベル・エポックの頃で、今ではほとんどかえりみられない。その起源はおそらく十八世紀の終わりであろう。この占い術に関する最初の文章は、フィレンツェの占い師、トマス・タンポネッリによって書かれている。実際にこのメディアを使う場合には二通りのやり方がある。

①よく洗い水を切ったコーヒーの出しがらを一枚の皿にあけ、何回かゆすって広げる。皿の上の出しがらはさまざまな形をつくり、そこからメッセージをよみとる。

②出しがらをコーヒーカップの底に沈殿させておき、それから素早く受け皿にあける。受け皿に広がった出しがらはさまざまな形を描く。

でき上がった形は、おおむね不明瞭であり、透視術師の解釈と直感によってはじめて有効な解読がなされるのである。

卵の白味占い（オースコピー）——非常に古くからある方法ではあるが（その起源は古代に遡る）、あまり広まっていない。もともとは、古代人が卵の外観と形を観察するだけであったが、こんにち実際に行なわれているやり方は、水の入ったグラスに卵の白味を入れ、その分散していく様子からメッセージを読みとるという方法である。

インクの染み占い（アンクロマンシー）——最も新しい透視術のメディアの一つである。実際、このメディアを発見した透視術師、ルーチェ・ヴィディがこの方法を完成させたのは一九二〇年頃で、彼女は、今では古典となっているこの方法に関する本も書いている。この方法は、一枚の紙にインクを十三滴垂らし、そののちインクが乾かないうちに紙を二つに折る。そしてメッセージの解釈に際しては、インクの染みた部分の形だけでなく、染みと染みのあいだの紙の白い部分の形も読みとって予言を行なうのである。

ロウソク占い（ケロマンシー）——当初から本来、地方色の濃い占い方法である。十六世紀にトルコとロシアで大流行したのち、すこし遅れてフランス、とりわけアルザス地方ではやった。この方法は、水を充たした容器に蠟燭の蠟を一滴一滴たらし、その形と様子から運勢を解読するものである。

夢占い（オニロマンシー）——この方法こそおそらく、人類史上最も古くからある占い術の一つだろう。世界的に流布しているのが特徴で、古代のあらゆる文明の人々は、アフリカ、アメリカ、アジアの未開原住民と同様に、ことごとくこの占い方法に頼ったのである。聖書には、神の霊感をうけた予言者たちの予兆の夢に関する逸話がみちあふれている。なかでもヨセフとダニエルの夢想は最も有名である。

とはいえ、彼らが「鍵」として自分たちの象徴を用いる夢の解釈（現代の「夢を解く鍵」のもとになっているのがこの方法である）と、象徴によらずに自ずから物語る夢、純粋な透視に属し、象徴的な透視術のメディアの範疇には入らない予兆の夢とは、はっきり区別されなければならない。

穀物の種占い（クリトマンシー）――穀物の種を使った占いは、その起源を遠く古代の初期に遡るとともに、いつの世でもあらゆる国で行なわれてきた。方法はコーヒーの出しがら占いの場合に近い。地面、あるいは篩《ふるい》にいくらかの穀物の種をばらまき、そうしてできた模様からメッセージを解読するのである。

聖書占い（ビブリオマンシー）――キリスト教徒にとっての聖なる書、バイブルを用いた占い。聖書をアトランダムに開いて、その頁の最初の文章を、依頼人の質問に対する答えとして解読するもの。聖書を使った占いは、聖書、とくに新約聖書に助言を求める慣習が定着したカロリング王朝時代に、フランスで大流行した。この方法は「使徒行伝占い」と呼ばれた。

以上、さまざまな象徴的占いについては、最も一般的な方法に基づいて作成された、世界の占いの象徴一覧表に準拠している。

II　眩惑的メディア

ここに挙げるのは、いかなるかたちでも精神の働きによらず、あるいは象徴の解釈という方法に頼らずに、視線の集中という一点にだけしぼって透視を行なうメディアである。通常の知覚機能を麻痺させて、客観的な注意力を疲弊させ、目覚めている状態で夢のイメージを映し出させるのである。透視術における「ネガ」の出現に好都合な、軽い自己催眠の状態である。

鏡面占い（カトプトロマンシー）――鏡を使った占い術で、もっぱらこの用途にのみ使われる鏡は「魔法の鏡」とよばれる。この方法は占い術の歴史のなかでも重要な地位を占めている。鏡面の輝きは、通常、短時間で予見的性格の幻視、透視におけるネガを現出させる。

魔法の鏡は中世に大いに流行し、魔法のシンボルと見なされた。

鏡には白鏡と黒鏡があり、白鏡には本来の鏡のほか、剣、グラス、宝石、象牙が含まれる。一方、黒鏡は表面が黒ずんでいて、同時にきわめて光沢がつよい。

魔法の鏡は水晶球の原型と考えられているが、今ではもうほとんど使われることはない。

炎および消し炭占い（アンピロマンシー）――人間が火を使いこなすようになってから、火は人類のものの考え方や生活そのものに多大な影響を及ぼしてきた。その結果、太古の昔から、人類最初の占い師たちは火に強い関心を抱き、その輝きに魅せられて、火に未来の予兆を読みとろうとしたのである。火をメディアにした透視においては、二つの方法が中心である。

――一貫して炎そのものを観察する方法。

――煙を出したり、パチパチという音を出したり、はぜたりする異物を火のなかに投げ入れて、透視の生まれる条件を整える方法。

水占い（イドロマンシー／ハイドロマンシー）――これもまたきわめて古くからある占い術で、透視術師たちはこれをすぐれた占いのメディアと考えている。水は人間生活に不可欠な要素であるから、宗教、魔術、占いの分野においても、つねに重要な地位を占めてきた。

水占いには実にさまざまな方法がある。たとえば水を凝視することで幻惑が起こると、そこから生じるさまざまなヴィジョンを用いたり、水に石を投げ入れてできる波紋を数えたり、水のなかに別の液体をそそいで、二つの液体が混じることで生じる形を解読したりするのである。

グラスの水によって透視を生じさせる方法では、水の透明性とグラスの光沢とをうまく結合させるところが特徴である。


水晶球占い（クリスタロマンシー）——この占い方法は、中世に発し、占星術やトランプ占いと並んで、西欧の職業透視術師たちに用いられるメディアのうちで最も人気のあるものの一つである。なぜならこれは、超常能力の備わった人間にはきわめて容易な方法だからである。

こんにちでは、水晶球は、いわば透視術の象徴とも同義語ともなっている。

ただ、理解しておかなければならないのは、水晶球はテレビのスクリーンではないのであって、そこでは何も起こらないということである。水晶球は、単に透視を行なう者のために「ネガ」の出現の手助けをする触媒として働くだけなのである。

Ⅲ　分析的メディア

このメディアの対象は理性である。とりわけ、このメディアに関連した細かい、しばしば込み入った数々の法則についての深い知識を相手にしているものである。したがって透視の状態に入るに先立って、抽象的な図式に関する理性的で数学的な分析を介在させるのである。

占星術――占星術は、個人の生誕時における諸惑星の位置と、その人の体型的、心理学的特徴、および運命の特徴との照応関係に基づくものである。

占星術は古代メソポタミアのカルディア地方、とくにその都市の一つ、バビロンで生まれたとされるが、当時は神学的な性格がつよかった。そののち占星術は、コス島に占星術の流派を創設した（紀元前二八〇年）有名なカルディアの占星術師ベローズの功績によって、ギリシアで発達した。その後ローマ人の手に渡り、法的に厳しく禁じられたにもかかわらず、驚異的な流行をみせた。ギリシア出身のプトレマイオスが、紀元前一四〇年に書いた『テトラビブロス』と題する占星術の本は、十七世紀まで、ヨーロッパのあらゆる占星術師たちの参考書となった。

これ以後、占星術は現在のような形をとりはじめる。まずモラン・ド・ヴィルフランシュが占星術の手法と解釈を体系化し、それによって占星術は当初の宗教的な性格を決定的に捨てて、一つのテクニックとなったのである。占星術は、しばしば、透視術のような貧しい親戚とは対照的な、重要な占いの「科学」と誤って見なされるのだが、事実はまったく異なる。実際、信頼できるいかなる科学的探求によっても、未だかつて占星術の正確さが証明されたことはないのである。

現在、天体によって引き起こされる人間の行動や反応について、われわれの知識はきわめてわずかでしかない。したがって、占星術が完全に体系化された科学であるかのようにいうことは、非論理的というほかはない。

しかし占星術の研究や実践は、想像を超えたさまざまな気になる根拠と統計的な結果を示している。「メディア」としての占星術は、すでにある現実的な基盤に立脚しているというメリットを持っているのであるから、占星術を透視の被験者によって行なえば、素晴らしい成果をもたらすだろうと考えられる。実際その場合には、占い師の超常能力は、依頼人の出生天宮図によって示された基本的な図表に基づいて、占星術師には見ることのできない深い意味と、さまざまな様相を読みとることができるだろう。透視術と結びつけられたときには、占星術は、この上ない調和を生むであろうし、両者が互いにそれぞれに欠けてい

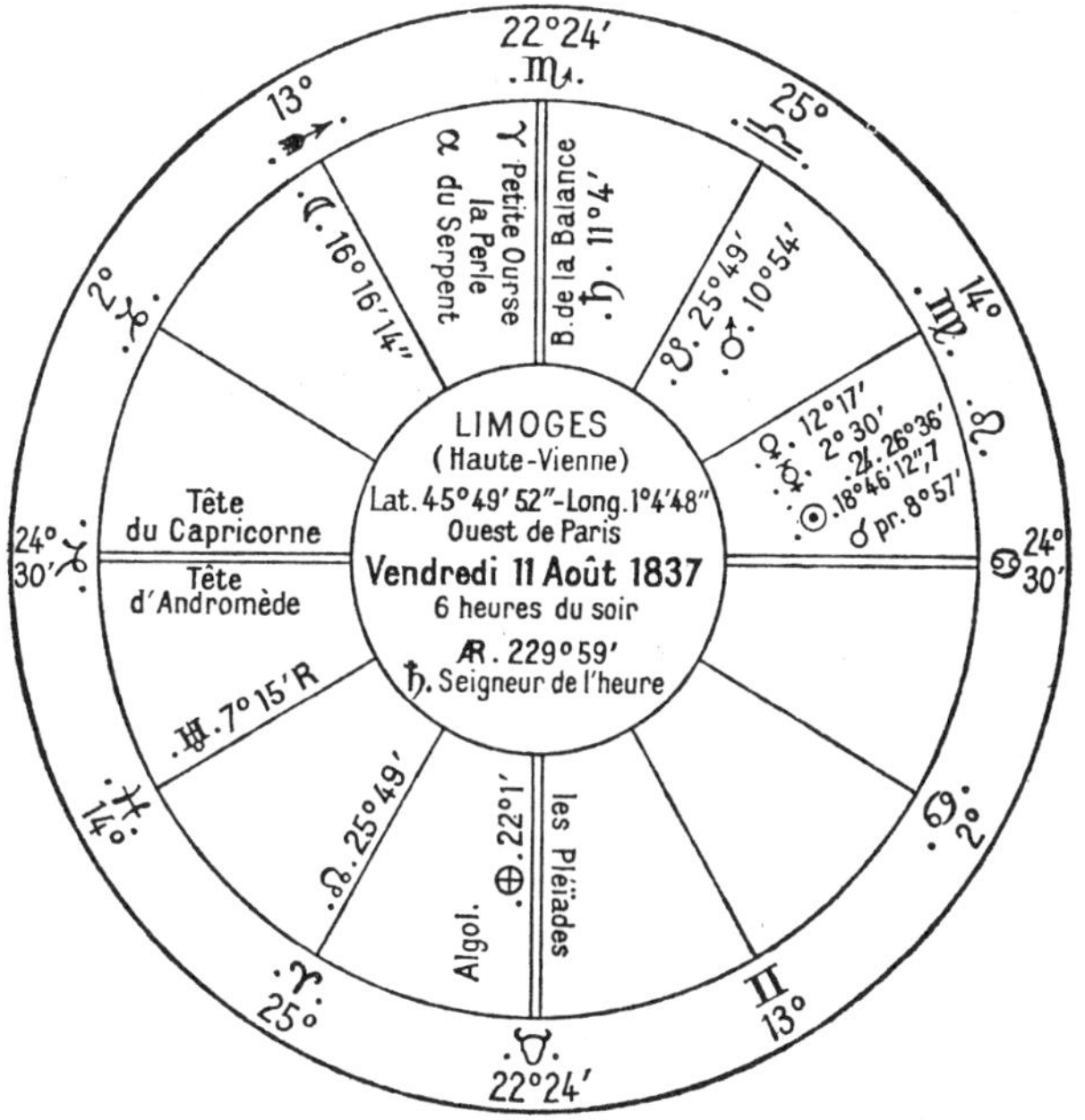

図3
1894年6月24日，リヨンで暗殺されたサディ・カルノ大統領の出生図
あるいは十二宮図（ホロスコープ）

この図は「フォーマルハウト」によるものだが，これはとても精密な図で，ここには一般的な要素に加えて，月の軌道の交点の位置ひとΩ，前の新月の位置（♂pr.），フォルトゥナ　の位置，および子午線と地平線に隣接する主要な星（古語で，α天秤座，α山羊座，αアンドロメダ座とあり、頭の部分と指示されている）の表示もある.
示されている時間は，リモージュの平均常用時間である.
　は星位の赤経（角度に算定された誕生の現地恒星時間）を示している.

るものを補い合うことができるだろう。占星術は現代の透視術師たちが熱心に行なえば、彼らの多くの天賦の才能にとって並はずれたメディアになるだろう。

残念なことにある種の占星術師たちは、自分たちが「聖なる科学」を会得していると信じ込んで、傲慢にも透視術師たちを単なるペテン師にすぎないとして軽蔑するのだ。事実は、彼らのほとんどにとっては、個人の出生天宮図のみが、自分たちが気づいていない予知能力の唯一のメディアなのである。

土占い――この占いも分析的な占いの一形式で、地面に描かれた点によって、あるいは石や穀粒を地面にばらまいて、きわめて細かく並べ、そうしてできたいろいろな因習的な形をメディアとして用いる。また、最近では、古典的な土占い用の形を描いたカードを用いることもある。これは非常に古くから行なわれてきた占いの方法で、その起源はペルシアやビザンティウムに遡る。この方法を最も多く用いているのは、アラブ人たちで、西洋ではほとんど用いられない。反対にアフリカ、とくにギニアとマダガスカルでは、それぞれ「ヴォドゥ=ファ」(Vaudou-fa)、「シキディ」(sikidy)という名でよく使われている。

易経(yi-king)――中国語を文字通りに訳すと「変化の本」で、この易経は、現存する最も古い占い術の一つである。これについて最初に触れているのは、年代記『春秋左氏伝』であり、紀元前六七六年に遡る。この占いでは、棒を使っていろいろな形を描き、その後、それについて解釈するのである。易経は、中国の占いの伝統において、現在もなお、支配的な位置を占めている。

手相占い（キロマンシー／カイロマンシー）——この占いの方法は、我が国にはインドからもたらされたが、古代にはあらゆる民族によって使われていた。現在、この方法は、カード占いと占星術とともに、透視の主要なメディアの一つとなっている。この占い術では、各人に固有の手、および手相を調べるのであり、透視術師は、手相術の解釈のための伝統的な規範に則って、依頼人の人生に関わる結論を、依頼人の性格面、および運命について導き出すのである。手相占いはジプシーが多く用いる方法である。

数字占い（アリスモマンシー）——現代のかなり多くの透視術師たちに重んじられている占いの方法である。この方法の起源ははるか昔に遡り、古代のユダヤ人やアラブ人、ギリシア人たちがすでに、熱心にこの占いを行なっていた。この占いの基本原理は、一つの数字をアルファベットの各文字に対応させる、というものであるが、その使い方は数多くある。最も簡単な方法の一つは、姓と名を作るすべての文字の数値を足した後、得られた数字について、特別な表を用いて解釈を行なうのである。

Ⅳ　霊媒

霊媒は、まさしく交霊術の教義に属するもので、占い師をトランス、生き霊という特殊な状態へ至らせて、占い行為へと導くのである。

交霊術――近代的な形態の口寄せである。口寄せは、その起源を太古の闇にまで遡る占いの方法である。古代の死者占いの儀式では、死者が生きている者に回帰するためには血が流されることが必要だとされ、ほぼ毎回、犠牲を伴う結果になっていたが、交霊術の方は、死者（しばしば実体または化身と呼ばれる）との霊媒を介した会話というかたちをとる。十九世紀に、「精霊の命ずるままに」交霊術の教義を創始したのは、「交霊術の法王」イッポリト・リヴァイユ、通称アラン・カルデックである。一八五六年に刊行された『精霊の書』は、霊魂の不滅と転生の信仰に基づいている。

交霊円卓や精霊による憑依、霊応盤（ウイ＝ジャ）、自動記述などによる交霊会が行なわれている間に、霊媒はあの世の実体たちと交渉を持ち始めるようになるのである。

図4
霊媒が使うメディア，ウイ=ジャ．小板があの世のメッセージを伝えるために移動する．

自動筆記（グラフォマンシー）――交霊術のなかのこの占いの方法は、次の二つの異なる形式を用いる。

①自動記述――トランス状態にある霊媒が、自分の動作について何ら意識がないままに文字を書く。交霊術の教義によれば、霊媒の手は、肉体から離脱した精霊に無意識のうちに導かれて、ひとりでに動いているように見える。このようにして精霊は、メッセージあるいは出された質問に対する答えを霊媒に書かせるのである。

②霊応盤（ウイ＝ジャ）――これはワゴンテーブルにのせた小さな木の板のことで、霊媒がその上に手をのせる。ウイ＝ジャは、アルファベット二六文字の書かれた一枚の紙の上を移動する。このように、霊媒を介してメッセージを伝えるためにウイ＝ジャを動かすのは、亡くなった人の実体の、心霊の感化力である。

交霊円卓（ティプトロジー＝ラップ）——一般に三脚の木製の小円卓が使われる。参加者たち（そのなかの一人が霊媒である）は、手をテーブルの上に置き、小指と親指が触れあうようにして、切れ目のない鎖の形を作る。かなり長い間、精神集中が行なわれた後、テーブルが特有の動きを始め、テーブルの上板の中や脚の部分で叩音がするのである。このようにして、あらかじめ決められている暗号（一つの打撃音ごとに文字で）によって交霊術のメッセージが伝えられるのである。

憑依——肉体を離れた実体が生き霊となって霊媒を介して話し、メッセージを伝えるもので、母国語ではないにしても、時には声の抑揚や表情を伴うのである。それは衝撃的な体験である。というのも霊媒の精神はこの瞬間、取り憑いた実体によって、完全に自己を失っているからである。

V　震動メディア

この分野のメディアは、透視術師の末梢神経の敏感な能力に働きかけるものである。透視術師における「震動」状態を生みだし、関わっている問題との間に超常的な関係を生み出すのに適した状況をつくりだすのである。

物体占い（プシコメトリー／サイコメトリー＝探魂法）——非常にしばしば用いられる透視の方法である。これは、ある個人の所有する物、もしくはかつて所有した物を媒介として、その人の過去、未来における震動について知る、という方法である。透視術師がその物体を手に持つのであるが、最近のサイコメトリーでは、写真を使う形態があり、それは生者の写真のこともあれば死者の写真の場合もある。写真に触ることで占い師は、写真に写っている人との超常的な関係に入ることができるのである。

磁気探知占い——かつて水脈占いと呼ばれたこの方法は、その起源を古代にまで遡る。数世紀の間、磁気探知占いはおもに水脈を探すことにあったため、昔はこの言葉が使われたのである。こんにちでは、水脈占い師は相変わらずY字形をしたハシバミの棒も使ってはいるが、特定の物体、あるいは一枚の写真の震動を捉えるために、「振り子」を用いている。振り子は細い針金の先に重い錘をぶら下げたかたちになっており、ふつう、全体が真鍮でできている。物体の上で振り子を揺らすのだが、そのやり方は、与えられた質問に答えを出すようにあらかじめ決められた暗号に従って揺らすのである。磁気探知占い

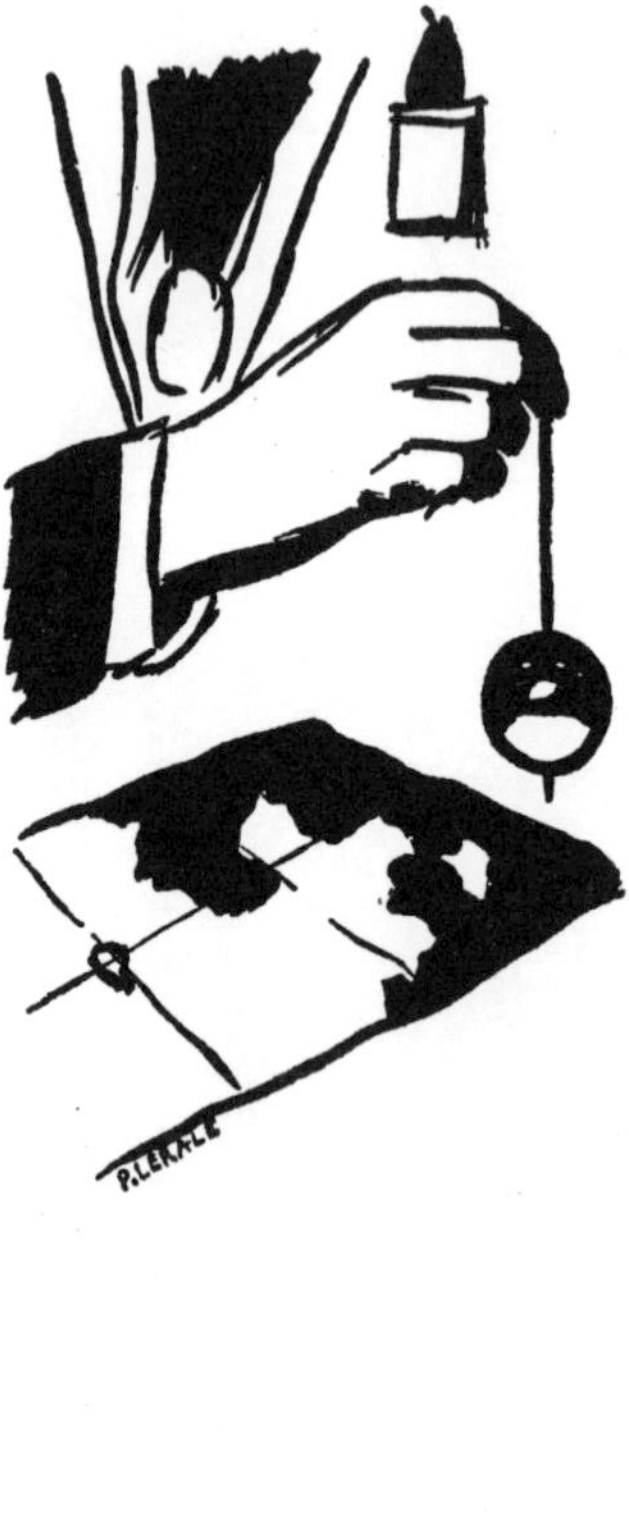

図5
振り子は磁気探知占いに欠かせない「道具」である．その方法は，動物・植物・鉱物・金属その他のあらゆるものの本体は「電波」を発している，という仮説に基づいており，それを占い師が感知する，というものである．実際に実験で得られた結果は，磁気探知占いを行なうことによって得られた物理的事実よりも，占い師の超常的な能力の方により多くを負っていることを示している．

は、しばしば紛失した物や行方不明の人を見つけたり、病気を突き止めたりするために用いられる。

VI　幻覚メディア

麻薬および幻覚誘発性の植物（ファルマコマンシー）――幻覚を誘発するある種の植物や麻薬を吸飲することに基づいたこの占いの方法は、いつの時代にも、あらゆる国で使われてきた。メキシコの聖なるキノコ（ペヨトル＝ウバタマ）、ジヴァロス種の有毒なつる植物リアヌ、中世の魔術師が用いたヒヨスなどで、これらの毒物は人を幻覚症状へと導くのであるが、この幻覚症状が占いの次元へと進むことがあるのである。

こんにちでは、幾つかの未開民族の魔術師たちが、いまだに幻覚誘発性の植物を使ってはいるが、近代的な占い師たちは、彼らの心身のバランスに多大な危害を及ぼす可能性のあるこれらの方法を用いることはないようである。

祈り・瞑想――熱心に祈ったり瞑想することによってもたらされる「精神集中した」状態は、透視が生じるのに好都合であり、このことは過去の偉大な神秘主義者の体験が証明しているとおりである。

彼らが時折到達した恍惚の状態は、しばしば占いの次元にまで高められた視覚的・聴覚的な幻覚状態であることを示している。残る疑問は、これは超感覚的能力なのか、または天啓なのか？　ということである。

たとえば聖アントワーヌは、何事かについて知りたいと思ったときには、神に祈った。すると、その答えはたちどころに示されたという。またアルスの司祭は、時折まどろんでいるように見えたというが、彼はこのとき、透視の状態にあったのである[1]。

（1）ユベール・ラルシェール博士『占い百科』、チョウ社。

第四章　職業としての透視術

職業倫理――職業活動としての透視術はつねに法の外にあり、「人目を忍んで」営まれてきたので、透視を規制するための、いかなる職業規定も職業倫理の規範も、かつて存在しなかった。とはいっても職業占い術師の多くは、仕事の遂行そのものよりも、依頼人を尊重することに重きを置く道徳律を大切にしているのだ。

それは次のようなものである。

――職業上の秘密を守る。

――依頼人の死を予知した際には、それを告げない。

――透視を依頼した人の精神状態に著しく衝撃を与える可能性がある透視については、その内容を明かすことに応じない。

しかしながら、誰もが受け入れることのできるような、明文化された実際の職業倫理規定がないために、透視行為に本来備わっているべき、また透視を行なう際には欠かせない、道徳的規範や心理学上の基礎知識がないままに、透視が行なわれてしまう危険性が残ることは認めざるをえない。このような道徳的規範の存在を可能にするためには、医者の場合と同様に協会を作って、透視術師の活動を規制する必要がある。

そうした試みの一つが一九七八年、超心理学者協会という名称のもとにパリ警視庁に届け出が出された協会の設立である。創始者デスアールは、本書の著者の一人である。そこでは、協会のための各規約に加えて、非常に徹底した職業倫理規範が定められていた。残念ながらこの試みは、協会が充分な会員数を獲得できなかったために、その年の末に頓挫し、期待は裏切られてしまった。

開業している職業透視術師はみな、自分たちの職業に対してできるだけ良いイメージを持って貰いたいと願っており、そのためには依頼人の信頼を悪用する詐欺行為を排除するべく、自分たちの活動が規制されることを願っていることは確かであるが、また一方では、先祖代々受け継がれてきた占い禁止法令に対する恐怖を、心ひそかに持ち続けていることも事実で、したがって彼らにしてみれば、当局の注意をひくよりは人目に付かないままでいる方がよい、ということもあるのだ。透視術師組合も存在はするが、組合員の数はごくわずかで、そのため活動の効果は乏しく、ほとんど関係者に知られないままである。

I　典型的なこんにちの透視術師たち

いくつかの共通点——透視術師たちはみな、自分たちの仕事をこよなく愛しており、依頼人に深い感謝の念を抱いてもいる。依頼人たちは彼らが透視を職業として行なうことを可能にしてくれているのであって、その結果、彼らはあたかも聖職でもあるかのようにこの仕事に没頭できるのである。この仕事を通じて、彼らの内部には他人を愛する心が大いに養われ、きわめて優しい心が培われるのである。彼らは人生が課すあらゆる問題やあらゆる苦悩と日常的に向き合っているので、人を裁くことはなくなり、忍耐を学び、また彼に会いに来るすべての人びとに、予言をするだけにとどまらず、みずからのうちにあるあらゆる寛容、熱意、愛情をも与えるのである。たしかに彼らは、多くの人びとに、相変わらず「社会の周縁の存在」であり「詐欺師」と見なされていることを知ってはいるが、それでも彼らは個人的な信念によって仕事を続けることをえらぶのだ。多くの人びとの問いに答え、たくさんの人びとの悩みに応えることで、人間の苦しみを軽減するべく努めることこそが彼らの仕事なのである。

開業している職業透視術師のなかには次の三種類のカテゴリーが見分けられる。

――行きずりの客を相手にする大道占い師。

――いまだに伝統的な「イルマ夫人」のイメージを受け継ぐ透視術師。広告手段としては「口こみ」しか使わず、おおむね届け出はしていない。

――定期的に新聞広告を出し、事務所を構え、時には秘書も持つ透視術師たち。真に近代的占い師のイメージを持った人たちである。われわれが現代の透視術師の典型と考えることができるのは、このタイプの透視術師である。

伝統主義者たち――彼らは透視の先輩であり、どちらかといえば女性の透視術師が多い。大多数は特定の年齢の女性たちであり、古典的なメディア、つまりタロット・カードや水晶球や手相、占星術を用いる。一般的に彼女たちは、診察室の壁を、数に差はあれ、驚くほどの数の免状や証明書で飾っている。自分たちが証明書を持ち、賞牌を受けたことのある、本物の透視術師であることを誇示しているのだが、実際には、これらの栄誉の証は公式のものではなく、それ自体は何ら価値を持つものではないのだ。というのも透視術には学校も免状もないからであるが、やはり体面は必要なのである。これらの透視術師の診療所は、霊性を感じさせることが多い。

伝統を守る透視術師のなかでは、次に述べる二つのタイプが際だっている。これらの透視術師たちは、実際には多くの場合、すぐれた占い師であり、その証拠に彼らは一五年前、二〇年前、もしくはそれ以上前から開業しているのである。このことは彼らが有能であることを示している。

傲慢な透視術師――ある種の透視術師たちは、自分たちが透視の主役であり、自分たちなくしては同業者の栄光は色あせてしまうのだ、と勝手に思いこんでいる。彼らは不幸な同業者を絶えず中傷することで、自分たち自身がそれだけ偉くなろうとするのだ。そして「他の連中の大多数は、しょっちゅうしくじっている！」などと言うのだ。彼らにとっては、実際、彼らのみが並はずれた、驚くべき、決して真似のできないような透視ができるのだ。

この種の透視術師たちのとてつもないうぬぼれを明らかにするには、彼らの宣伝広告を読むだけで充分である。いわく、「フランスで一番偉大な透視術師」、「同業者まで相談に押し寄せる女透視術師」、「誰それの死を予告した唯一の女透視術師」、「テレビやラジオ界のスター」、「未だかつて、はずしたことがない」、等々である。世界中の偉大な人びとはすべて、彼らに相談しにやってくるのであって、各国の王や大統領は彼らの友だちであり、前もって彼らに相談してからでないと何もできない！　と言うのである。パリには「本物の」透視術師は五、六人しかいないのであり（当然のことながら、そのなかには彼らも入っている）、その他の連中は何の価値もない、いかさま師でしかなく、当局は彼らを排除するべきだ！と。このような悪趣味、傲慢さは、残念ながらある種の透視術師たちに特有のものである。

このジャンルにはまた、年をとることを拒む「スター」女透視術師たちが見受けられる。彼女たちは何のためらいもなく、二〇年前の自分の写真、今から見れば魅力的な写真を広告に載せるのである。依頼人たちはどんなに驚くことであろうか。

謙虚なタイプ——控えめで、どこか諦めを漂わせ、一見もの柔らかな態度、これがこのタイプの透視術師たちの特徴である。彼らは自分を「目立たせない」ために、できるだけ控えめに見えるようにしているかのようである。事実、彼らは自分たちが他の人びとと何ら変わるところがなく、まったく取るに足らない存在であり、彼らの能力も何ら彼らを変えることはなかった、と、ことさら大袈裟に言うのだが、このようなあまりにもへりくだった態度はむしろ、大変な高慢さとよく似ているのである。

これらの人びとは一般に、透視術における「信心狂い」である。彼らは自分が、哀れな盲目の魂を教え導き、人間の苦しみを軽減するべく天命を受けて遣わされた、と信じているのだ。彼らは真の聖職を全うしているのであり、またあの世からの呼びかけを受け取ったのだと確信しているのだ。彼らは教会人でさえねたむような環境に依頼人を迎え入れるのであり、面談は毎回、祈りのことばで始まるのだ。

何年か前から、占い師の平均年齢は下がっている。これは透視に「新しいスタイル」をもたらした新しい世代の透視術師たちのおかげであるが、彼らのなかでは男性の比率が以前より高い。この新しい世代にもまた、次のような幾つかのタイプがある。

簡素を旨とする透視術師たち――彼らの診察室は機能中心で、象徴的意味を担った品々で埋め尽くされているようなことはない。彼らの宣伝広告は彼らの身なり同様、簡素である。一般に彼らは教養があり、非常に優秀な心理学者であり、慎み深く、精力的であり、熱心に仕事を行なう。彼らは五年から八年位前から開業しており、このことから見ても彼らの依頼人たちの彼らに対する信頼が伺えよう。現代のこのタイプの透視術師たちは、古い盲信から自由で、より学識豊かで公正であり、透視術の最も良い面を見せてくれる。

変わり者たち――幸いにしてこのタイプはまれである。一般に彼らの広告同様、彼らの奇抜な服装は意表をつくものであるが、彼らはその服装でなければ、おそらく彼らの能力を発揮することができないのであろう。彼らはあれこれ芝居がかった身振りをしながら、もったいぶって話すのだが、彼らがなぜこれ程、おもしろおかしくやる必要があるのか、誰も理解できないのである。おそらく彼らは自分の才能では社会に認知されないと感じているために、誇張する方法を選んだのではないだろうか。

女性の数的優位――透視術師の数に関しては、女性の優位が圧倒的であることを指摘する必要があるだろう。これは透視を職業とする人びとについてだけでなく、数多くの「非公式に」仕事をする人びとについても同じである。透視の仕事をする人びとの八五パーセントが女性であり、男性はわずかに一五パーセントである。このアンバランスは現代に始まった問題ではない。というのも、この状況は過去においても同様であったからである。このような現象を確認した以上、当然、次のような疑問が起こるだろう。これはなぜなのだろうか？　しかし、これに答えるのは非常に難しいのだ。

かつて幾つかのやり方でこの疑問に答える試みがなされた。まず最初に、統計的に女性のほうが数が多いことに注目したのだが、これは何の解決にもならなかった。というのは、われわれの時代には変わりつつあるものの、昔は、ほとんどすべての職業においてつねに男性の方が多数だったにもかかわらず、透視術においては、女性がつねに数的にこの分野の支配者だったからである。この事実は驚くべきことなのである。

われわれはこのことを、次のような現実によるものと考えるのだ。すなわち女性は、母親という、いわば天職を持ち、新しい命の芽をみずからのうちに育んでいるのだから、運命についてのさまざまな神秘的な概念について、男性より自問する機会が多くあるだろう。そうしたことが女性における複雑な心理状況を作りだし、男性の場合よりもいっそう、占いの能力が発達する結果になったのだろう、と。つまり、女性は心身の複雑さゆえに、その「得意分野」における「サイ」の開花に関して、男性よりはるかに「豊か」なのであろう、と。男性の場合には、この才能が発達する率はずっと少ないように思われる。さらに興味深い一つの事実がある。約一五パーセントという少ない数の男性の割合のうち、多くがホモセクシュアルであるということである。

年齢層――この職業は、たしかにあらゆる超感覚的能力の他に、ある種の心理的な成熟を必要とする。また、透視の診療所を開設し、それを自分の職業とするためには、その実現のための資金も必要になってくる。したがって、男女を問わず、ごくまれなケースを除いて、透視術師の年齢が三十歳以下であることは、ほとんどない。大部分の職業透視術師の年齢は四十歳から六十五歳までの間である。この年齢区分は自分たちの知識を磨き、金銭面での準備を整えるのに適しているからだ。実際、顧客の獲得は一日ではできないので、診療所を構える前に、現代の予言者や占い師たちはすべて、専門家としてスタートする準備が整ったと感じる日まで、さまざまな職業について働かざるをえないのである。四十歳でもまだ、透視の診療所を開く年齢の平均である。しかし、現在、この職業における「若者たち」の著しい増加が現実となりつつある。彼らは三十歳前後であり、たまにそれ以下のこともある。その反面、この職業は自由業であるため、定年制の恩恵に浴しないことから、多くの透視術師たちが高齢になり、定年をはるかに過ぎても仕事を続けざるをえないという事実もまたある。

透視術師の社会的素性――透視術師たちがどの社会階層の出身であるかについて調べてみると、一つの事実が浮かび上がってくる。すなわち、彼らの素性はおおむね質素なものだ、ということである。透視術師たちのなかで、社会の上層部の出身者はごくわずかである。ここで興味深いのは、この事実は職業透視術師の場合に限られる、という点である。というのは、いわゆる進歩的な階層の人びとのなかに、数多くのアマチュア透視術師がいるからである。

この現象を理解するのは簡単である。実際問題として、透視の能力に恵まれていても、資産家で安定した家庭の人たちは、透視術のように世に認められていない、多くの人びとから非難されるような仕事をしたいとは望まないのが自然である。彼らの生まれや家庭環境からみて、明らかにもっと別の職業に就くことがいくらでもできるからである。しかし、だからといってそれは彼らが自分の人生において、透視の能力を発揮することには、何の差し支えにもならないのである。

反対に、より貧しい生まれの「サイ」の被験者にあっては、職業の選択を迫られたときに、あるいはまた、何年かの間、必ずしも社会的にも収入からみても華々しくない職業について奮闘した後では、彼らの天賦の能力を生かせる仕事を自由業として営むということは、彼らにとって心理的にとても魅力的である。以上が、職業透視術師がほぼ一貫して社会的に慎ましい階層の出身者によって占められている理由である。また一般に透視術の被験者は、芸術関係の仕事に興味を持つことが多いが、これは「サイ」能力を持った人びとは、本来非常に敏感で、美や理想といったものに惹かれる性質を持っているからである。透視術師たちは、開業する前に、ダンスであれ、音楽であれ、あるいは演劇であれ、芸術関係の仕事に携わっていることが多い。

民族のバリエーション

——こんにち、透視の仕事は、国籍の異なるさまざまな民族の人びとによって行なわれている。実際には、パリに関していえば、占い師の大多数は白人種かフランス人であるが、何年か前からかなりの数のアンティル諸島やアフリカ出身の人びとも見受けられるようになった。これにセム語系の北アフリカ出身の透視術師たち（アラブ人やユダヤ人）が続く。より数は少ないが、スラブ人、トルコ人、イタリア人、ジプシーの透視術師たちも占いの世界の代表に数えられる。透視の業界において、アンティル諸島やアフリカ出身の透視術師たちの開業がコンスタントに増え続けていることは、彼らが自分たちの国に固有の伝統的な魔術を、オカルト能力の知識や開発に向け、それによって公衆に対して診療を行なっている魅力によって説明される。

診療形態――透視術がどのようになされるかについて、一九八〇年に透視術師たちによって一般的に行なわれた面談の様子を述べてみる。

透視術師の大多数は、自分自身のアパートで依頼人を迎える。そこに彼らは仕事をするための部屋、あるいは居間の一角を用意しているのである。数は少ないが、経済的により余裕のある透視術師たちは、自分たちの住居以外のオフィスや診療所で依頼人を迎える。面談は予約をして行なわれる場合と、予約なしの場合とがある。いずれの場合も、現代の占い師たちは、電話、それもしばしば留守番電話を備えている。彼らの名前は電話帳の「占星術」の欄、もしくは「オカルト科学」の欄に掲載されており、同時にオカルティズムに関する専門誌にも載っている。多くの場合、診察室の隣りには、依頼人に待って貰うための待合室がある。透視術師たちのなかには、秘書を雇っている者もいる。秘書がいれば、彼らは面談を行なっている間、電話や扉の開閉の音に邪魔されないで済むのであり、その意味では秘書は彼らの貴重な協力者だと言えよう。面談時間の長さはまちまちである。二時間にわたって顧客の相手をする透視術師もいれば、十五分の者もいる。一応、平均は、四十五分内外である。

面談に際して、一般に透視術師は、依頼人と向き合い、書斎机、もしくはテーブルを前にして座り、透視の方法に応じて、自分の使う道具を目の前に置いたり、精神を集中をしたりする。面談の時間や診療日はさまざまである。女性の透視術師の多くは母親であり、水曜日は子供のために当てるため、診療は行なわない。一日中、診療を行なう者もいれば、午後しかしない者もいる。それでも一般的な傾向はあって、たとえば、透視術師たちは昔から会社の始業時間に診療所を開き、夜はほとんどが遅くまで開いている。というのも多くの依頼人が仕事を終えてから彼らのもとへ面談に来るからである。昼食時は透視術師の一日のピークである。毎日の診療の数には変動があり、診察室が満員の日もあれば、予約ノートに空欄が多いこともある。

依頼人が透視術師のもとを訪れる頻度もまちまちである。依頼人たちは、彼らの人生のある時期に、二、三か月間、毎週相談に訪れたかと思うと、その後二、三年は顔を見せない、といった具合である。忠実な依頼人の訪問回数の平均は一年に二回である。しかし透視の相談は、あまりにも個人的な理由によるものであるため、この数字はかなり不正確である。

大多数の透視術師たちは、通信によっても同様に相談を受けている。この方法は地方や外国に住む依頼人のために特別にもうけられているものである。これは多くの透視術師たちにとって、毎日の診療による収入にプラスされる、ちょっとした恩恵となっている。中には個人的な都合で、予約はすべて断わり、もっぱらこの形式での診療に限って行なっている者もいる。こうした透視術師はしかし、ごく少数ではある。

報酬の問題――透視能力の持ち主が、その働きに応じて報酬を受け取るのは当然のことなのだが、このことを良く理解していない人が多い。このことは、彼らが聖書の啓示を曲解していると考えると説明がつく。すなわち彼らは、占い師や透視術師を、聖典に出てくる予言者に近づけて考えているのである。彼らによれば、神の啓示を伝える予言者たちは、みずから神の啓示の伝達者であることを望んだのであるから、何らかの報酬を受け取ることなどは問題外で、むしろ、彼らの弟子たちから寄付や奉納金を受け取るべきだ、というのである。だが、職業透視術師は、依頼人に、予言者の弟子たちと同じような奉仕を要求しようと思っているのではない。彼は、個人の問題を解明し、彼らを導き、彼らに助言することを目的として、自由業で仕事をしているのであり、依頼人も、個人的な動機から彼に仕事を頼んでいるのである。したがって透視術師は、依頼人固有の運命に関わる「弁護士」のような形で仕事をしているのである。

彼らは、透視と平行して何らかの他の仕事をしているわけではないので、透視の報酬だけが彼自身の出費をあがなっているのである。ある透視術師たちがかつて、善意の精神に駆られて、自分の方から報酬を要求せずに、依頼人の雅量に任せるという試みをしたことがあったが、結果は見事に期待はずれのものだった。つまり依頼人のほとんどは、概して自分たちがいかに満足したか、口をきわめて言いつのりながら、ほんのわずかな報酬しか透視術師に払わなかったのである。何という矛盾だろう！　そういう訳で、職業占い師たちはみな、報酬を受け取っているのであるが、その額については非常にまちまちである。

地方では、診療費はパリより格段に安いが、パリにあってもその額には非常に開きがある。一九八〇年の時点で、ごくまれではあるが、わずか二〇フランか三〇フランで診療を行なう透視術師がいた。この料金は、とくにトレーラー内で診療を行なう「大道」透視術師か、あるいは一部の、おおむね届け出をしていない、かなり年配の透視術師のものである。パリでは一九八〇年における平均料金は一五〇フラン前後である。最も有名な透視術師たちは、三〇〇フランから五〇〇フランの間の報酬を受け取っている。この職業は法規制を受けていないので、業者が報酬の額を決めているが、この金額は、通常、事務所の経費、地方税、それ以外の税金、秘書の給料、広告料などの、多かれ少なかれ重要な業務上の経費によって決まる。多くの人は占い師が特別医と同等の料金設定していることに驚くのであるが、しかし、この仕事の営業は黙認されているだけなのであり、したがってほとんどの透視術師たちは将来に不安を抱えており、そのために彼らがこのような料金を設定しているのであることを理解する必要がある。彼らの多くは一九八〇年でもまだ、老齢年金がなく、現役の間の収入しか当てにすることができないのだ。

診療の質と料金の関係――非常に優秀な透視術師が、少額の料金しか要求しないことがまれにある。高額の料金を請求するからと言って、それが必ずしも最良の透視能力の証とはならないのである。しかしその反対もまた、真実である。つまり、ごく低額の料金しか請求しないからといって、必ずしも透視術師の能力が非常にすぐれたものであることを保証することはないのだ。また、本当にすぐれた透視術師が、仕事の経費を考えるとかなり高額の料金を設定せざるをえない場合もありうる。いずれにせよ、料金と診療の質の関係は、どちらの観点からも、はっきりしないのである。

ここで、次のような頑迷な風評をただす必要があるだろう。つまり、この問題に精通しているごくわずかな人びとを除いて、多くの人びとは、職業透視術師たちは途方もない大金を稼いでおり、キャデラックを乗り回し、スターのような生活を送り、莫大な財産をため込んでいる、と思い込んでいるのである。これ以上ひどい感違いはない。たしかに、この仕事をする者のなかにはごくまれにスターがいて、依頼人の数が増え、収入総額が増したことで、比較的裕福な生活を送っている者がいるとしても、彼らが多数ではないことははっきりさせておかなければならない。ほとんどの透視術師にとっては、平均的な収入は、中間管理職の収入程度でしかない。というのは、彼らは自由業であるから、その総収入から、仕事上の経費の他に、社会保険料や各種保険料、さまざまな支払いを差し引かなければいけないからである。一言でいえば、収入、すなわち利益ではないのである。付け加えるならば、透視術師たちのなかには、自分の天賦の能力だけで生活していくことが非常に困難なために、きわめて質素な生活を送っている者もいるのだ。

時代錯誤な事実——透視に関する多くの新聞記事のなかで、記者たちは、透視術師たちが自分たちの技術を使って生計を立てていることに不快感を表わしている。しかし、どんな仕事であれ、それに対する報酬に値するのではないだろうか？　医者がわれわれを治療したことに対して料金を請求したからといって、われわれは驚くだろうか？　それはごく自然のことだ。だが透視術師の場合には、どうやらそうではないのだ。何という不合理だろう！　占い術を職業としている人たちは、これらの記者たちの金を盗んでいるわけではないのだ。彼らはあらゆる職業活動におけると同様に、依頼された診療の報酬としての料金を、あらかじめ合意した金額で受け取っているだけなのである。

税制——予算省の観点から見ると、仕事を持つフランス人はすべて、税金を払うべきなのであって、その仕事が認可されているか否かは重要ではない。したがって、職業透視術師も他のフランス人同様、税金を払っている。そのほとんどが、行政の査定、もしくは見積もり課税という形の税制に属している。

ごく少数が、実績課税方式の税制の下にある。一般に、税金の種類によって、彼らは自由業のなかに組み入れられている。一九七九年一月以降、自由業に対する付加価値税の拡大に関する法律の影響が透視術師にも及び、この法によって、彼らはカード占い師という言葉を当てられたのである。したがってこの日以来、彼らは自分たちの収入を減らさないために、付加価値税の総額（一七・六〇パーセント）の分だけ料金をアップしなければいけなくなった。透視に関する年間総売上高は、旧フランで七〇〇億フランだった（クラプイヨ誌、三九号、一九七六年）。こうした事実を確認した税制局は、他の職業に対すると同様、透視術師に対しても税収上の監査を行なう方向に向かった。税務署の見解によって、透視術は税制局が適用した正統な規範によって正当な職業と判断され、扱われたのであり、彼らは税制局に、毎年営業税を支払っているのである。

第五章　いかさま行為

「サイ」現象を信じない人は多いが、それは情報不足が原因である場合が多い。このような人びとは、往々にして透視術師全般を十把一からげにして否定してしまい、占いの専門家たちを詐欺師、いかさま師と決めつけて拒絶してしまうのだが、このように極端に偏った態度についてはここでは触れないでおく。

それにしても、透視能力というものは神秘的かつとらえがたいものであり、そのためにこれを騙ろうとする連中に、格好の活躍の場を提供してしまうという事実は否定できない。奇蹟を起こしたようにみせかけるテクニックや、人びとの盲信につけ込むやり方は、世界の始まりと同じくらい古くから存在していたのである。最古の文献の幾つかには、魔術師といわれた人物たちが実際には手品師に過ぎず、自分たちの仕える主人の権威を保つという目的のために、人びとを惑わすことを生業としていた旨が書かれてある。偽《にせ》の魔術師や偽《にせ》の占い師は、公共の目的のためであれ、個人的な目的のためであれ、いつの時代にも存在したのである。

こんにちでは、詐欺師たちでさえも、透視能力を持っているという触込みで、この上なく「真面目」に営業していることは事実であるが、その一方で、たとえば、占いを専業にする者たちの九五パーセントはいかさま師でしかない、とする風評があることも忘れてはいけないだろう。実際には、この業界にあっては、長い間人びとを誤魔化し続けること、つまり長期間にわたって依頼人をだまし続けることは不可能である。何故ならば透視は、後からその結果を判断することができるからだ。間違った「予知」をする占い師は、たとえ彼が人間心理の洞察においてすぐれた資質を持っていようと、長く営業し続けることは不可能なのだ。

こうしたことから、いかさま師の数は結局、ごく限られたものになってくる。彼らの大部分は、開業してしばらくのあいだはうまく商売していくことができたとしても、やがてどこへともなく姿を消してしまうことになる。あたかも、お人好しの依頼人たちを欺くために、彼らが目眩ましの粉をまき散らしても、時が経つにつれて、それが相手の目のなかで消えてなくなってしまうようなものである。こうした連中は概して、どのような手を使ってでも何とか顧客を「喜ばせよう」とし、顧客に「感銘を与えよう」とする。彼らは依頼人の「秘かな」願望にこたえようとして「啓示」を乱発し、やすやすと依頼人を満足させ、巧妙な手口を使って、依頼人が定期的に彼らの診察室を訪れるようにするのだ。依頼人は、自分の夢をあたかも現実であるかのように思いこんでしまい、その結果、貴重な時間を無駄に費やしてしまう危険性があるのだ。偽《にせ》の透視術師は、顧客を、従順で、相手を信じ、頼りきった状態に追い込むことで、その意志の力を奪い取ってしまう。彼は、ひたすら自分の威信や私利私欲のためだけに偽《にせ》物を使っては、いかさまを行なっているのである。

占いにおけるさまざまなトリック

——こんにちの占い師全般の透視の質を疑うわけではないが、占い師のなかには、自分の診察室にできるだけ多くの顧客を集めるために、さまざまな策を弄する者がいることも否定できない。したがって、その信憑性が疑わしいような誇大広告などには充分注意しなければならない。すなわち「けっしてはずれることはありません」とか、「あなたの抱えているあらゆる問題を解決します」とか、「正確無比の日付の予知」、「無謬の透視」といったたぐいものである。また、奇蹟を起こすというさまざまな品、たとえば十字架やメダルや磁石を売りつけ、「これがあなたの人生を変えるでしょう」などと言うような連中にも注意する必要がある。これらの品々は、実際には、彼らが街角の露店などでまとめて幾らという値段で買ってきたものなのだ。このほかにも、いわゆる「宗教的」と言われる透視術師たちがいる。彼らは滑稽なことに、また皮肉にも、自分たちを「父」とか「兄弟」と呼ばせまでして、精神的にもまた外見上も、聖職者に必要なあらゆるものをためらうことなく取り入れるのだ。このように宗教的な外観を装うことで、彼らは依頼人たちの信じやすい心にうまくつけ込もうとするのだ。

郵送による透視、とくに星占いなどでは、その内容が最少限にまで削られてしまい、ひどく簡単なものになってしまうのが常である。それはこれらのテキストはロネオ謄写印刷機で印刷されて、フランス全国に向けて相当部数、発送されるためである。

最後に、透視術師のなかには顧客に良い印象を持って貰うために、面談中に手品を使うことをためらわない者もいる。偽《にせ》のテレパシーとか、偽《にせ》の物体移動といった手である。さいわい、こうした悪質な手品師はこの業界にあってはまれである。

古代から現代にいたる偽《にせ》の魔術――古代、中世、ルネサンス期、そして現代にいたるまでの「奇蹟の専門家」について、彼らの行なった実験をみてみると、そのなかでも最も驚異的といわれるものはほとんどすべてが、超常能力やいわゆる超自然現象によるというよりもむしろ、もっぱら手品や奇術のたぐいであることがわかる。

たとえばA・リッシュ(1)は『古代ローマ・ギリシア文物辞典』のなかで、古代の多くの神殿には聖職者のみが知っている秘密の部屋(内陣)が存在し、彼らの威光を生みだすための仕掛けとして使われていたことを伝えている。実際に、これらの部屋の壁には、この隠れた小部屋と神の像が安置されている神殿内奥とを繋ぐ通路が掘られており、それによって、話をする人は、自分は身を隠したままで声だけが相手に聞こえるようにすることが可能だったのである。時には神の像が巨大にできており、聖職者が秘密の通路を通り抜けてこの像のなかにもぐり込んで、神託を下すこともできたという。

(1) R・トケ『人間の秘められたさまざまな能力』、レ・プロデュクシォン・ド・パリ社、一九六三年。

また、ミネルヴァに捧げられた神殿では、竜の発するシューッという鳴き声が聞こえたといわれ、別の神殿では、キュベレ女神の像が実際に乳を出したりもしたという。さらにまた、水がワインに変わったというところもあれば、香が液体になったというところもある。もちろん、人びとはこうした偽物《にせ》の奇蹟を、すべて超自然現象であると考えたのである。紀元二世紀に生きていたパフラゴニーのアレクサンデルは、まさしく歴史上、最も有名ないかさま師ということができよう。巧みな術策を弄して、首尾よく自分を神として崇めさせるようにした彼は、封印したままの手紙に答えるという形で神託を下すことに成功したのである。つまり、自身の神殿において彼は、一見、手を触れた形跡がないように見える、封印されたままの手紙を、「神聖な」返事とともに依頼人に返したのだ。書かれた返事は、依頼人の質問の内容に見事に対応していたのである。この予言的なメッセージの質の高さと正確さは、いかさまがなされていようとは夢にも思わない多くの依頼人たちに、強い感銘を与えた。しかし実際には、手紙は注意深く封印をはがされた後、再び封印し直されていたのである。さらには、アレクサンデルに雇われたスパイたちが、顧客に関する貴重な情報を集めては、彼に伝えていたのだ。かくして彼は莫大な財産を築いたのである。

カトリーヌ・ド・メディシスの場合は、みずからの子孫とヴァロワ王朝の行く末に不安を抱き、魔術師に占ってくれるようにと頼んだ。彼女のお気に入りの魔術師コム・ルジエリは、その「魔法の鏡」に、将来、フランスを統治することになる人物たちを映し出して見せた。これによってカトリーヌは、自分の息子たちの将来について知ることができたのである。ルジエリはアンリ四世の顔すらも映し出して見せたに違いない。この種の奇蹟は、鏡のいたずらとメイキャップを施した相棒の助けがあれば実現可能なものなのだ。

十九世紀に、物理的効果においてとくに優れているとされた霊媒、つまり物体移動や死者の物質化現象を引き起す能力を持っているといわれた人物は、ほとんど皆、不正行為に頼っていたのであり、なかには徹底したペテン師もいた。ダニエル・ダングラス・ホーム、あるいはエウサピア・パラディーノら、最も有名な人物たちでさえ、しばしば、いかさまの現場を押えられ、いんちきをしたことを白状している。その理由として彼らは、「自分の超常能力が足りなくなってしまった時に、自分のケースについて研究している人たちを失望させたくなかったため」と言っている。それでもこの時代の科学者たちは、これらの人物の実験の大部分は、説明不可能なものであり、したがって、まさしく超常現象に属すると考えていたのである。それにしても、この種の霊媒の存在はすべて十九世紀に限られており、エクトプラズムを生成することができる霊媒は、現代にはもはや存在しない、という事実は、奇妙であると言わざるをえない。

こんにちでは、学者たちはいっそう実情に詳しくなっており、不正行為を防ぐために、あらゆるものを利用してきわめて厳密に調査を行なっている。いかなる策略をも許さないようにするために、場合によっては奇術師の助けを借りる場合すらあるのである。

ロベール・トケはその著書『人間の秘められたさまざまな能力』のなかで、彼自身がいかさまを暴いた一つの実験について、次のように伝えている。


この大胆不敵ないかさまは、一九六一年一月八日の国民投票の際に、「魔術師」S某によって、ルクセンブルク放送局のために行なわれた。

この自称透視術師は、土占いの驚くべき秘密を握っているという触れ込みであった。国民投票の前日、彼は証人たちが見守るなかで、立会人に一個の小箱を託した。それに先だって、彼は会場で皆が見ている前で、この小箱のなかに一枚の四角い紙の入ったガラス管を入れておいたのである。彼の言うところによると、その紙にはあらかじめ、国民投票の結果が書かれているというのである。小箱はふたを閉じ鍵をかけられ、しっかり封印された。このシーンはラジオとテレビの両方を通して流された。小箱は立会人によって金庫に入れられ、その鍵はS某が保管した。

国民投票の翌日、「S某が、一瞬たりとも手を触れなかった」小箱が、立会人によって開けられた。そこにはもとどおりガラス管が入っており、立会人がそのなかから例の紙を取り出すと、その紙には正確な投票結果が書かれていたのである。それを確認した証人たちは仰天した。その様子もまた、ラジオとテレビを通じて放映されたのである。

しかし幸いなことに、ラジオ・ルクセンブルクの幹部と、何人かの協同制作者が、この実演が本物であるにしてはあまりにも見事過ぎるという点に疑問をもったのである。ラジオとテレビの視聴者からの手紙も、スタジオにどっと集まった。これらの手紙のほとんどは、S某に、次回の宝くじの抽選の当選番号を教えて欲しい、というような内容のものだったが、手紙にはしばしば、多額の為替や紙幣が同封されていたので、局側は事態が予測もしなかったような厄介な方向に展開してしまったと感じたのである。

そこで局側は私に、番組「一〇〇〇万人の視聴者」のマイクとテレビカメラの前で、いかさまの仕組みを説明してくれるようにと頼んだのである。この際、いかさまがあったことは間違いないのだから、私がそれについて話すことはなんでもなかった。しかし私は、それを漠然とした表現で話すにとどめた。つまり最初のガラス管は別なものにすり替えられていたのだ、とだけ言ったのである。

ここで実験の説明をすることにしよう。一言でいえば、この神秘的実験の鍵は、小箱の「鍵」にあったのだ。この「鍵」は小箱の鍵にしては異例な程に大きかったのであり、それは中に、鍵の軸に沿って、国民投票の結果が入っていると信じられていたガラス管と同様のガラス管が入れてあったからなのである。鍵を錠前に差込んだ瞬間に、鍵のなかに入っていたガラス管が特別な仕掛けによって小箱のなかにすべり込んだのである。もちろん、選挙結果はこちらのガラス管のなかの紙にあらかじめ書き込まれてあったのだ。何も書かれていない四角い紙が入った最初のガラス管は、小箱を閉じる瞬間にS某によってこっそりと抜取られていたのである。この結果、皮肉なことに、実験を見届ける責任者であるはずの立会人が、意に反していかさまを可能にした張本人になってしまったのである。

もっとも、いわゆる超常実験、つまりテレパシーや催眠術などを聴衆の面前で行なう場合はすべて、必然的にいかさまにならざるをえないのである。というのは、超常現象は任意に再現できるものではなく、規則的に聴衆の前に現出してみせることは不可能だからである。与えられた実験の条件が、本人のサイ能力を充分に発揮するにはほど遠い、というような点を別にしても答えは同じである。たとえば、有名な「ダヴェンポート兄弟の悪魔の簞笥」、驚天動地の世紀の見せ物であり、世界中を仰天させたこの実験についても同じである。アメリカ人の二人の兄弟、アイラとウィリアム・ダヴェンポートが行なった実験は次のようなものであった。

霊媒実験をするという触れ込みで、彼らは聴衆の目の前で、まず自分たちを扉が三ついた簞笥のなかに閉じこめさせた。簞笥は台座の上にのせて地面から離れるようにしてあった。簞笥と同じ幅の一枚の板が椅子代りになって、その両端に二人の「霊媒」が座り、次に見物人たちが彼らの両手を後ろ手に縛り、足はあらかじめ穴が開けられてあった板にくくりつけた。そのうえで、簞笥のなかにタンバリンと数本のギター、鈴、その他のものが入れられ、扉が閉められた。「霊」たちが活動を開始したのはそのときである。恐ろしいほどの大騒音が始ったのである。すべての楽器が、演奏を始め、タンバリンは猛り狂ったように鳴り出し、簞笥の天井の穴からはいろいろな物が舞い、突きだした手が左右にうち振られた……。そこで簞笥が開けられると、二人の「霊媒」は相変わらずしっかりと縛られたままの姿で座っているのが確認されたのである。

実験の迫力を増すために、見物人の一人に頼んで二人の間に座ってもらい、やはり彼の足も紐で二人の兄弟の足に縛りつけ、簞笥の扉は再び閉められた。すると耳を聾する騒音が再び、今度はよりいっそう激しく鳴り響いたのである。数秒後に扉が開けられたとき、三人は相変わらずしっかりと縛られたままだった。しかしそのなかの見物人の頭にはタンバリンがのっており、ネクタイはほどけ、シャツは前がはだけ、さらに彼の両足の間には二台のギターがしっかりと挟まれていたのである。

この洋服箪笥の出し物は、このとき以降、手品最大の古典の一つになったのだが、その仕掛けについては奇術師たちの間で完全に知れわたってしまった。さらにダヴェンポート兄弟にとって災いとなったのは、彼らがあの世の霊魂と交わることができる「心霊家」であると言明したことである。このことは彼らに大きな不幸をもたらした。一八六五年に彼らがパリに姿を見せたとき、ジャーナリズムは彼らを笑いものにしたのである。

もう一つの有名なミュージック・ホールにおける公開実験は、透視とテパシーを真似たものである。舞台上に目隠しされて立っている「霊媒」（女性の場合が多かった）に、パートナーが、ホールのなかを動き回っては見物客たちの姓名や生年月日、身分証明書の番号を次々と答えさせ、彼らの服装、その他の特徴を言わせる、というものである。実は、彼が自分でそれらについてあらかじめ聞いておいてから質問をしたのである。実際にはミュージック・ホールの目玉演目以上の何ものでもなかったこの偽《にせ》の透視あるいはテレパシーのからくりは、二人の実演者たちがそらんじていた記憶術の暗号にあったのだ。つまり霊媒の答えるべき内容は、この暗号によって、司会者が「霊媒」に尋ねるほかならぬ質問の言葉そのもののなかにこっそりと忍ばせてあったのである。

第六章　社会的な諸事情

透視術師の数——フランス全国で開業している透視の専門家の数を推定するのは非常に難しい。その理由は、さまざまな法規制あるいは税法上の厳しい規制がある上に、一般大衆による偏見という現実もあるために、透視術師が実際には匿名で仕事をする方を選んでいる場合が多いからである。彼らは自分たちの存在を知ってもらうためには、最も古くからある宣伝の方法、つまり「ロコミ」という手段を使っているのである。世間に知られないままでいる方が良いと考えている占い師たちについては、そのことで彼らの占い能力が落ちるということもなければ、逆に彼らの能力に何ものかがプラスされるということもまたない。この点に関して、いかさまは、宣伝や評判と不可分の関係にある、とする頑迷な既成概念は事実に反すると言えよう。匿名で透視を行なうのは、多くは退職した後、自分の公職に対して支払われる年金を失うことを心配して、内緒で仕事をしたいと思っている年配の人たちや、仕事をしていることを国税庁に知られたくない既婚女性たちである。

無届けの透視術師はかなりの数にのぼるとみられるが、おそらく二万人くらいと推定されている。一方、公認の透視術師の数は約一万人であり、フランス全体の透視術師の概数は三万人に達するものとみられる。この数は、たとえばフランスにおける医者の総数が四万人であることと考えあわせると、透視術が社会的現象として、きわめて重要であることを示しているといえるだろう。

透視術の専門家は、そのほとんどが人口密度の高い都市部に集中して開業している。地方では、この仕事で生活していくために充分なだけの数の顧客を獲得することがおそらく不可能だからである。

宣伝——公然と営業している公認の占い師はほとんどみなが、使える限りのさまざまな媒体を宣伝のために利用している。通常、最も頻繁に使われる方法には、以下のようなものがある。

——占いを開業していることをさまざまな関係の人たちに知って貰うために、案内カードを郵便受けに入れたり、または地元の店々に配る。

——日刊紙の幾つかの「オカルト学」欄に、短い案内記事を載せる。それは通常、料金を示しただけのごく簡単な形式のものである。透視術師の氏名もしくは偽名（この業界では非常に頻繁に用いられる）、専門分野（場合によっては複数の）、すなわちタロット、手相占い、水晶球占い等、そして住所と電話番号である。

——専門誌紙に、よりいっそう大々的に広告を掲載する。

オカルト学に関連した定期刊行物はごく少数しかない。最も有名なものは次の通りである。

――『天体』誌（占星術の月刊誌、発行部数八万部）
――『星占い』誌（占星術の月刊誌、発行部数一一万部）
――『ノストラ』誌（不可思議なことに関する週刊誌）
――『アストラル』誌（月刊誌、部数五万部）
――『未知と来世』誌（月刊誌）

これらは透視術の専門家たちに最もよく利用されている刊行物である。また『日曜フランス』誌や『こちらパリ』誌も挙げることができよう。これらにもかなり多数の広告記事が載せられている。これらの刊行物のなかの幾つかは、年末に一回、有名な透視術師による、翌年の世界的な予言を載せている。

偏見――フランスでは、透視術師たちに対してはある種の先入観がもたれている。実際、大多数の人びとにとって彼らは、いかさま師、または変人でしかない。それでもやはり、かなり多くの人びとが定期的に彼らのもとへ相談に訪れはするのである。一般的なフランス人が透視術師に対して抱くイメージは、とりわけ伝説からきているのであり、民間伝承による過去の現実からはかけ離れていると言える。人びとがつねに思い浮かべるのは、隠れ家に棲んでいる魔法使いや、肩に止った梟、膝にのった黒猫、鬼婆のイメージであり、こうしたものを笑って済ませる人もいるが、そのために苦しむ人もいるのである。この結果、占い師は、完全に社会から疎外され、孤立した存在になってしまっているのだ。というのも情報不足のために、透視術師たちはつねにまさしく心理的「ゲットー」に隔離されてしまっているからである。

たとえば、大多数のフランスの新聞や雑誌は、透視術師たちが広告欄を利用することを拒否しているし、ラジオはその全放送時間帯を通じて、ごくたまにしか占い師に話す機会を与えていない。その一方で占星術師たちは、ラジオにおいて市民権を獲得しているのだ。テレビはこの点に関していっそうけちであり、テレビ・スタジオに入ることが許されるのは、聴衆の目の前で、これこそが典型的なやり方であると称して、奇妙なやり方でやってみせる良心的とは言えない透視術師だけである。これらの偏見はまったくの貝殻追放的なものからきているのだが、透視の世界に関して人びとが抱く誤った見方をよく示している。

この点に関しては、一部の依頼人たちの態度にも問題があるのだ。たとえば、自身は、こっそりと隠れて相談にくるにもかかわらず、公然とは透視現象を認めようとしない重要人物とか、自分が相談している占い師に街中で出会った際に、知らない振りをする常連の客とかである。また、問題に精通していたいと願うあまり、差別意識からではないにしても、ためらうことなく偏った記事を書いて、大抵の場合、ごく誠実な人びとを、軽率な読者の餌食にしてしまう一部の新聞記者たちもまた、困ったものである。偏見に関しては、迷信の果たす役割や、日常生活において占い師と向かいあったときに、多くの人びとが感じるであろう本能的な恐怖心の存在も忘れてはならないだろう。

われわれの意識の底に潜むこの恐怖心は、過去の遺産である、占い行為に対する恐ろしい宗教裁判の記憶によって誇張された迷信が生み出したものである。

I　公開の集会

実演会——前述のような偏見に対して、一部の勇気ある先駆者たちは敢然と挑戦し、彼らの診察室から世間に出て、定期的に公開実演会を開くようになった。そして関係者たちが常連の聴衆となって実演会に集まるようになったのである。これらの集会は、通常平日の夜、もしくは土曜日か日曜日の午後、多くはパリの会議場で開かれており、専門誌紙に知らせが掲載されている。通常、実演会では、まず「占い学」に関する発表があり、それに続いて透視の実験が公開で行なわれる。公開の実験は非公開の実験よりも成功させることが難かしいのであるが、それでも透視術師たちは、透視に懐疑的な人びとを納得させるために、また透視という現象についてよりよく知って貰うために、実験を試みるのである。

夕食討論会――同じくパリで、また今のところはパリに限定されているが、有名な透視術師たちの何人かは、一定の間隔（ほぼ月一回）で、ディナーとオカルト現象に関する討論の夕べを開いている。討論会に続いて、公開あるいは非公開の透視の実験も行なわれる。これらの夕食会はパリの豪華ホテルのレストランで開かれる。

祭典――年に二回、春と秋に、パリの豪華ホテルで「透視の祭典」が開催される。聴衆はわずかな入場料を払いさえすれば、あらゆる専門分野にわたる五〇人程の透視術師のなかから自由に選んで相談をすることができる。

この、半年に一度の行事は大人気を博しており、毎回多くの参加者を集めている。「透視の祭典杯」も設けられ、毎年秋、祭りの後に、聴衆の投票によって最高の透視術師を選び、褒賞している。こうした集会の場所では、専門書や占い術の実演に使われるさまざまな品、タロット・カードや振子、水晶球等が売られている。

交霊会――フランスには数多くの交霊の団体があり、そこでは霊媒が交霊実験、つまり死者を媒介にした透視実験を行なっている。パリ、リヨン、マルセイユその他多くの都市で、こうした実験の夕べは毎回、常連の聴衆を集めている。

会議――会議は次第に頻繁に開催されるようになってきており、現在、進められている超心理学に関するさまざまな研究について、状況分析を行なっている。それは専門家と研究者と関係者が一堂に会する場でもある。本格的な超心理学のシンポジウムで、講演会も開催され、討論会も開かれている。会場では超感覚的能力の関連図書や実験道具も陳列されている。

Ⅱ　依頼人のタイプ

透視術師や占星術師に助けを求めたり、その力に頼ろうとする人びとの数は多い。調査の結果によると、約八〇〇万の人が過去に透視術師に相談した経験を持つか、あるいは現在、相談中であるというが、この数字だけでも充分、注目に値するだろう。ところで依頼人とはどのような人びとで、またどのような理由で相談にくるのだろうか？

社会的環境——これらの調査はまた、小さな町においては、その都市化が進むにつれて透視に対する興味が増していることも示している。したがって都会の住民は明らかに地方の住民より透視術師にとって重要な「顧客」なのである。この現象については次にあげるような幾つかの説明が考えられる。

——現代社会において、さまざまな風習のもつ重要性が再検討されるようになってきている。村では、こうした風習はまだ存在しており、たとえば何か問題が起きたとき、あるいは何かについて決定がなされるべき時には、市長や司祭、または学校の教師に相談することができるのである。

——現代の都市社会がかかえる匿名性は、人が精神のバランスを維持するために不可欠な、他人とのコミュニケーションや人間関係を奪ってしまい、不安や孤独を生みだしている。

——また、透視術師が自分の能力を生かして生活していくために充分な顧客を得ることができるのは都会に限られており、したがって、透視術師たちはなによりもまず都会で開業しようとするのである。

社会環境という観点からみると、あらゆる階層の人びとがオカルトに熱中している。透視に頼るのは庶民階級だけであると考えるのは間違いで、エリート階級の人びともまた透視術師に相談にいくのである。政治家、外交官、医者、芸術家が、秘書や工場労働者と同じ透視術師の待合室で隣り合せるという場合もある。また透視術師の訪問者リストには何人かの高名な人物が訪れたことを示す記載もみられる。それでもやはり顧客の最多数は中産階級に属しており、サラリーマン、技術者、商人などが中心である。もっとも、人が社会制度や風習にもはや自分のかかえる問題に対する解答を見出せなくなったとき、それらのものが何らかの指針を示したり、自分の身を守ってくれたり出来なくなったときには、自分がどのような社会環境の出身であるか、どのような社会環境に育ったかは、ほとんど重要性を持たなくなってしまうと思われる。

女性の顧客——依頼人に対する調査、あるいは占い師自身のはなしから、女性が透視術師の診察室を訪れる回数は非常に多いことがわかっている。透視術師の顧客の約八〇パーセントは女性であるのに対して、男性は二〇パーセントにすぎない。また、女性客はつねに、男性客よりも足繁く相談に訪れる。なぜだろうか? 一般に、女性は本質的に男性より感じやすくデリケートであり、また家族のことで不安を感じたり、家族を気遣ったりすることが多い。嵐の前の静けさ、というが、女性は今の自分の家庭の平穏を乱すような事が将来、起こるのではないかと心配して透視術師に相談するのだ。万一、何か問題が起こった場合には、それが彼女自身の身に起こった場合であれ、彼女の夫、あるいは子供たちの身に起こった場合であれ、いずれにせよ女性は、夫の反対を押切って透視術師に相談に行くのである。男性の方は女性ほどにはその必要性を感じないのだ。またこんにちでは、女性が、経済的に依存している自分の夫と向きあったときに感じる苦痛、あるいは未だ適応できずにいる社会における自分の存在を、全面的に受け入れなければならない独身女性の苦痛もまた、考慮に入れる必要があるだろう。最後に、女性は好奇心の強さにおいて男性を上回っているということ、また、男性は一般に、占いに対してより理性的で、より冷静であるということも言っておかなければならないだろう。

Ⅲ　依頼人の動機について

不安——恋愛、健康、仕事という三つの主要な事柄についての不安が、依頼人の最大の動機である。三つのなかでは、恋愛に関する不安が最も重要な位置を占めている。これは独身者の場合でも既婚者の場合でも同じである。孤独や新たな出会いと向き合ったときに覚える不安、片思いの恋愛を前にした不安、将来の結婚の価値についての不安などである。夫婦関係では不和、浮気と不倫、そして離婚が相談の理由の大部分を占めている。

健康の問題に対しては、意外なことに、理性的な人とそうではない人の意見とが一致する。依頼人の相談の主な内容は、医者の診断が正しいかどうかの確認、手術が本当に必要なのかどうか、術後の経過はどうであるか、といったものである。子供の健康もまた、きわめて重要な相談事項の一つである。健康な人の場合は、予防のために相談に来る。個人の死の問題が出ることもある。

仕事の分野で言えば、職業に関する問題も非常に重要な相談項目である。個人の物質的、心理的な安定と安心を得るために不可欠な職業活動に関して持込まれる問題は、職探しから、同僚とうまくやっていくことの難かしさ、年令的な問題までさまざまである。

金銭上の気苦労も、不安のもととなる要素である。また、依頼人が三連勝式馬券の当たり番号や、抽選や宝くじの当選番号などを知りたがるケースも珍しくない（透視が正しく言い当てれば夢物語となる）。さまざまなテストや入学試験、運転免許試験に合格するための相談もまた、一般的な相談項目である。

迷い——人が客観的な判断基準では決断を下すことができないような場合に、透視が決定手段として使われることがある。依頼人は自分で決断する前に透視術師に相談するのであるが、時として透視術師に決断の責任のすべてを負わせてしまうような場合もある。こうした動機は、占いの相談においてよくみられるものであるが、ビジネスの分野に多いように思われる。つまり我が国の不安定な経済システムが人びとに不安を与えているのである。したがって決断を下す前に、偶然や不測の部分が残ることのないよう、状況を明確に分析する必要がある。最後に、もはや何事にも期待を抱かず、何も望めなくなってしまった人の場合は、今後、生きていくための手助けを、透視術師に全面的に頼ってしまうのだ。

好奇心――純粋に好奇心だけから占いを依頼に来る人はきわめて稀であると言える。というのも好奇心の陰には、往々にして何らかの不安が隠されているからである。依頼人がこうした不安についてみずから認めることはないが、数分でも話をすれば、それと察せられるものである。好奇心から、という口実はふつう、依頼人のなかに透視術師に対する信頼の気持が生まれると同時に消え去るものであり、「興味本位」だった依頼人も結局は本来の顧客と変わらない態度を示すようになるのだ。

本当に好奇心から占いを依頼にくるのは、物事を簡単には信じようとしないごく若い人たちである。彼らは遊び半分にこの「いわゆる透視現象」と対決したがるのだ。しかし大抵の場合はこうした好奇心の背後には一つの疑問が潜んでいるものである。すなわち、ひょっとしてこれは真実ではないだろうか？　という疑問である。

依頼人の態度――依頼人の態度は、依頼人の人間性と依頼の動機の二つによって決まる。依頼人は最初に占い師と会ったとき、占い師を信頼していようがあるいは警戒心を抱いていようが、いずれにせよ、大抵は心の底では何か言って貰いたいと願っているのだ。万一、予言の内容が彼の望むところに反した場合、依頼人はエゴをむき出しにし、透視術師が予言に責任があると考えて、失望の気持をぶつけるのだ。そして攻撃的な態度に出て、こんな「いかさま師」の所には二度と再び来るまい、と心に誓う。さもなければ、かたくなに黙りこんで不満の気持を表わすか、あるいは見るに忍びないほど落込んでしまったりするのである。

しばしば同じ依頼人が、しばらく経ってから、自分に告げられた事実が正確であったことを確認して、占い師の能力を正しく評価し、再び相談に訪れることもある。告げられた予言や助言が正確だったことに満足した依頼人のなかには、透視術師を「褒めちぎり」、時にはほとんど神格化する者さえもいるのだ。

一方で、とくに女性の依頼人のなかに時として、精神分析家の間で転移として知られている現象に似た、感情の固着を見せる者がいる。つまり、自分以外の依頼人に対して嫉妬の情を抱くのである。彼らは自分が相談している透視術師の能力を独り占めしたいと思うのだ。

また、別のケースでは、依頼人が自分がかかえる困難は特別なもので、他の依頼人の困難とは共通の尺度で測ることはできない、と考える。このような依頼人は、どんな時間であろうとお構いなしに透視術師に電話をかけ、邪魔をして平気なのである。彼らにしてみれば透視術師は、自分の問題だけに専念してくれなければならないのだ。彼らは、透視術師がおそらく仕事中であるということをさっさと忘れてしまい、どのような話のためであろうが平気で邪魔をするのである。万一、断わられでもすると「かんかんになって」電話を切ってしまうのだ。彼らは透視術師の私生活を尊重することも忘れてしまうのだが、心にとめなくてはいけないのは、透視術師も人間である、ということである。彼らにも当然、私生活があり、自身が抱えている問題もあり、感情もあり、家族もいるということである。彼らにしても他のあらゆる人たちと同様に、一日の労働から自分を解放する必要があり、依頼人たちの相談に乗ることで費やした膨大な精神的エネルギーを補給する必要があるのだ。そして、よりよく充電するためには、できる限り私生活を守る必要があるのである。ここにあげたような「自己中心的」な顧客はこの点を理解していないのである。幸いなことにこうした客はごく稀ではある。一方では、「空想的」な考え方をする依頼人もいる。彼らは透視術師を、たぐいまれな能力を授った人物とみなしており、本来、いかなる欠点もなく、何ら世俗的な欲求ももたない例外的な存在であり、一種の「聖者」のように振る舞い、行動する人と考えているのである。この種の依頼人は、自分たちの透視術師を極端なまでに理想化しようとするのだ。実際は、透視の能力には何ら超自然的なところはないのであって、誰にでも潜在的に備わっているものなのであるが、このことを彼らは理解していないのである。覚醒状態においてこうした能力を持っているからといって、そのことがその人固有の長所や短所に、何かを付け加えるということもなければ、消し去ることもないのだ。透視術師はその透視能力においては抜きんでているとしても、人間本来の欠点もまた持っているのである。「サイ」能力が、完全な人格や人生を生み出すと信じるのは非常識でしかない。反対に超常能力を持っているからといって、悪魔との契約に支配されているなどということもまたないのである。

自分の将来について確証を得るために、あるいはある問題に関して助言を貰うために、時折透視術師を訪ねる、平均的な依頼人とは違った、二通りのタイプの依頼人についても触れなければならないだろう。すなわち精神病者と占い中毒者である。

占いの専門家はすべて、この種の依頼人を顧客として抱えている。透視術師は確かに、精神病者を病人として扱わず、彼らの話に耳を傾ける唯一の人物である場合が多い。このため精神病者の方でも占い師に自分の病気について説明することができるのであり、その結果、占い師は、彼らが攻撃的になったり、まったく自分のなかに閉じこもってしまったりするような事態を未然に防ぐことができるのである。

占い中毒者についていえば、彼らは時にわずか一週間のうちに二、三人の透視術師を訪れ、自分が行動をおこすに当たっての、あるいは逆に行動を中止するための支えや励ましの言葉を要求するのである。夜昼かまわず、何時であろうと電話をかけてくるのはこうした手合で、大抵の場合、それは些細なことに関してなのであるが、それでも彼らはもはや他人の意見、この場合は透視術師の意見を聞くことなしには、何事も始めることができなくなってしまっているのである。

依頼人の年令――女性の依頼人の場合、その七〇パーセントは三十歳から五十歳の間である。この年頃は女性が人生のなかでも困難な、心配事を多く抱えた時期である。つまりさまざまな諍い事のある時期、総決算の時期、離婚や老いの最初の徴候が現われる時期でもある。依頼人の二〇パーセントは二十歳から三十歳の間であり、五十歳以上の依頼人は一〇パーセントにすぎない。

男性の場合は、八〇パーセントがちょうど壮年期に当たる三十歳から五十歳の間である。というのもこの年齢は、仕事においてもまた金銭上の問題に関しても、とりわけ不安が多い時期だからである。六十歳以上の男性が相談に訪れることは非常にまれであり、その顧客全体に占める割合は五パーセントでしかない。一方で、秘教や超心理学に心酔した若者たちが、徐々に透視に引きつけられてもいるようだが、このような、ごく最近見られるようになった若い男性の占いに対する興味に関しては、現代という大きな変化の時代がもたらす混乱と不安といった要因を付け加える必要があるだろう。二十歳から三十歳の間の若者が透視術師を訪れる割合は、男性全体の約一五パーセントに上っている。

第七章　科学的研究

超心理学とは何か？――超心理学とは、さまざまな心理学の領域の総体、より正確には、心理学が未だに解明できずにいるあらゆる事象、つまりテレパシーや超感覚的知覚、隔動現象といったことを含む領域である。(1)

(1)　ジーン・ディールキンス、クリスティーヌ・ディールキンス共著『超心理学実験概論』、カステルマン社、一九七八年。

超心理学に関する科学的研究は非常に複雑な様相を呈している。それはこうした研究がもっぱら、人間の精神活動のなかで、いろいろな現象を引き起こすと考えられる無意識の側面に関わっているからである。これらの現象については従来、学者や教養人の多くからつねに反論をあびてきた。彼らによると、それはひ弱でばか正直な精神の持主による、盲信や想像力の産物でしかない、ということなのである。まだ歴史の浅い超心理学は、一方では、遅々として進まない超常現象研究の困難にみちた現実に直面して、当初は想像力の産物のなかから真実を忍耐強く選り分け、その根拠までは分らないながらも、得られた結果の信憑性を証明することに専念せざるをえなかった。そしてもう一方では、この問題を真剣に考えようとはしない、他の科学者たちの偏見と対決しなければならなかったのである。

超心理学の科学的研究の主なテーマは、超感覚的知覚（ESP）、つまりテレパシー、透視、予感であり、またさまざまな対象に対する人間の直接的、心理的反応（PK効果）に関するものである。一般に、いわゆる超常現象、あるいは超心理学的現象を「サイ」現象と呼び、こうした能力が備わっている個人を「サイ」被験者と呼ぶ。超心理学の研究では、さまざまないわゆる「自然発生的」現象、誰でも人生のある瞬間に体験しうる現象について調べるのである。たとえば正夢に関して、実験室では数量的かつ統計的方法で検査を行ない、「サイ」被験者と任意に選ばれた人びとの両者について、その超常能力を調べるのである。実験は大きな困難を伴うが、それは実験に際して、各個人それぞれにとって有利な実験環境をつくりだす必要があるためであり、また超常現象は自由に再現できるものではないからである。

I　世界各国の超心理学の歴史

イギリス——一群の著名な学者たち、真の超心理学の開拓者たちを結集して、「英国心霊研究協会」

（SPR）が創設されたのは一八八二年であった。彼らはとりわけ、その時代に物理的効果にすぐれた霊媒として有名だった「エウサピア・パラディーノ」のケースについて研究を行なった。彼らはとくにテレパシーに興味を持ち、超常現象に関する数多くの証拠を集めた。SPRは現在もなお存続しており、以前と変わらず活発に研究活動を続けている。

アメリカ――一八八四年にSPRの支部がアメリカで設立された。その後、一九二七年には心理学者W・マクドゥーガルの提唱により、J・B・ラインの指導のもと、ダーラムのデューク大学に超心理学研究所がつくられた。ラインは、超常現象に関する統計的な研究を行なった最初の研究者であり、超心理学の科学的研究における最も有名なパイオニアの一人である。一九三〇年以降、さまざまな協会が生まれたが、その研究室ではこんにちなお、「サイ」効果の分析が引き続き、この上なく厳密に行なわれている。また、シャルロットヴィルのヴァージニア州立大学の医学部には超心理学部門が設立されている。

旧ソ連――旧ソ連における超心理学の研究について正確な状況を見定めることは、きわめて難しいと思われる。数多くの本や雑誌の記事の内容から見る限り、旧ソ連においては多額の予算で多くの研究が行なわれていたことが分かるが、旧ソ連の研究者と実際に接触を図ることはできない。

当時の学者たちがとくに興味を持ったのは、思考の伝達に関する研究であった。現在のロシアの科学者の主要な関心の的はより正確に、テレパシーに際しての物質媒体の研究であり、この点はワシリーエフの著作、『遠隔交信』が明かしている通りである。

旧チェコスロヴァキア――さまざまな研究が精神生理学者、レジャック教授の指導のもとに行なわれ、これらの研究は物理学と電子工学の方向へ向った。こんにちの最もすぐれた研究者の一人であるミラン・リズル博士は、その研究において多くの実証的な成果を挙げたのち、アメリカの民間研究センターに移っている。

インド――アンドラ大学を含む二つの大学研究所で超心理学のさまざまな研究活動が行なわれている。

ベルギー――民間レベルで十二人程の大学教授が共通の研究目的のために集まって活動している。そのなかに精神科医で精神分析家であり、モンス州立大学とブリュッセル自由大学で心理学を教えている医学博士、ジーン・ディールキンスがいる。

ドイツ――ドイツにおける超心理学の先駆者は、ミュンヘンの二人の医師A・フォン・シュレンク・ノッツ＝ィングとR・ティシュナーである。こんにちではフライブルク＝ブライスガウ大学のハンス・ベンダー教授が超心理学の研究に携り、自身が設立した研究所の研究活動の一環として、超心理学に関する博士論文の指導を行なっている。最近は、とくにPK効果を中心とした研究に重点が置かれている。

フランス――フランスに心霊研究センターが創設されたのは一八九三年のことである。研究センターのなかでも生理学者Ch・リシェと天文学者C・フラマリオンは間違いなく最も卓越した研究者だった。それでも当時の研究はしばしば厳密さを欠く場合があり、同研究センターのメンバーを証人として行なわれた驚異的な実験も、後にいかさまであることが判明した場合も多い。

現在、パリ国際心霊研究所（IMI）は、パリ人類学高等専門学校の教授であるマルティーニ博士、およびラルシェール博士が指導しており、ここで人間の潜在的「サイ」能力を探知するための幾つかの検査方法と電子機器とが開発された。

オランダ――オランダは、科学的超心理学の研究に対して、間違いなく最も開かれた国の一つと言えるだろう。一九五三年にはユトレヒト大学がテンハエフ教授のもとに、ヨーロッパで最初の超心理学講座を開設した。テンハエフ教授の行なった数々の研究は、超心理学の領域において非常に重要なものである。またオランダでは、医師、司法警察、教育界等が協力して超心理学に関するさまざまな興味深い研究が行なわれており、それらの研究成果はこの分野において非常に重要な役割を果している。超心理学の研究が実験室や大学の研究室の外で行なわれた、という事実は興味深い。このことは、それまでつねに否定されてきた諸現象に対して、人びとが新たに知的関心を持ったことを証明するものである。

しかし超心理学の研究が、絶えず物質や精神を支配しようとたくらむ、人間の権勢欲に利用されるようなことのないように願おう。超心理学研究の最大の動機は、人間個人について、できる限りよく知ろうとすることでなければならないからである。

II　超心理学研究の基本的方法

J・B・ラインの協力者、カール・ゼナーは一九三〇年頃、五種類の幾何学的シンボルを描いた二五枚のカードを使ったゲーム、いわゆる「ゼナー・カード」を考案した。これは一組のカードを切り混ぜた後、その配列を「占い」、偶然期待値を上回る的中率を示すものである。

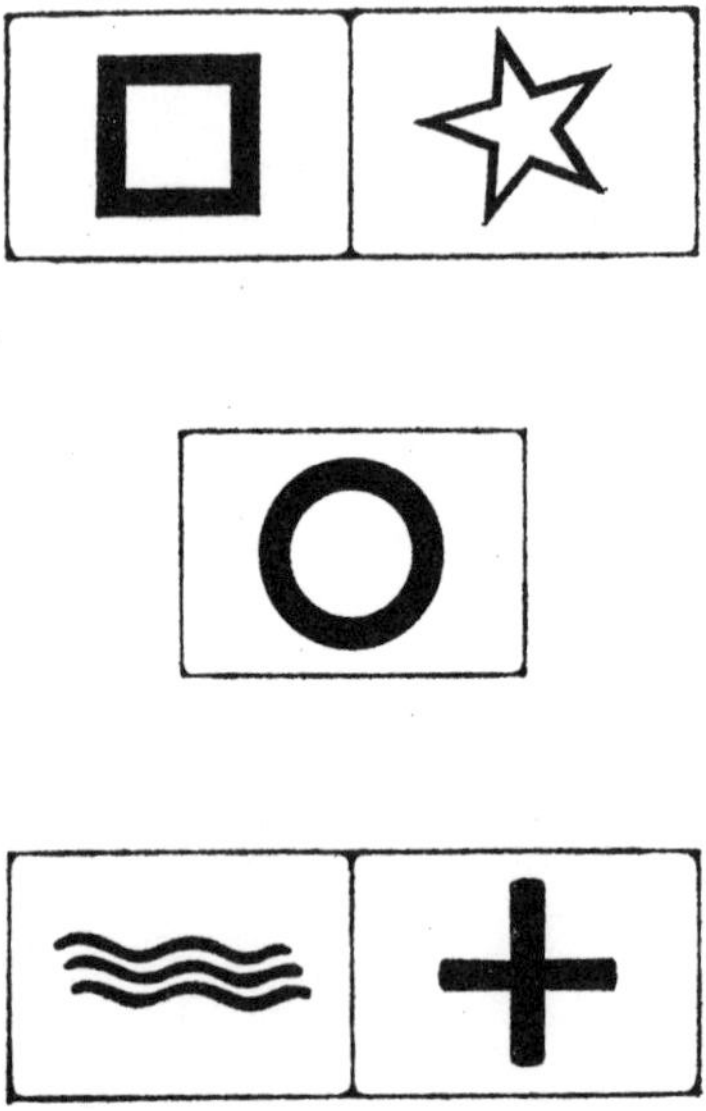

図6
ゼナー教授によって開発されたこれらのカードには，５種類の単純な幾何学模様が描かれており，透視とテレパシーに関する科学的テストに用いられた．

一九三四年以降、ラインはとくにサイコキネシス（ＰＫ効果）に興味を持ち、賽子《さいころ》を用いて実験を行なった。この実験において被験者は、賽子を転がす際に、偶然を超える頻度で一定の面が出るように、賽子の転がり方を支配しようとしたのである。

「サイ」被験者たちは、自身のサイ能力を検査するための方法を独自に開発した。たとえば「空の椅子」の実験では、被験者は指定された椅子に誰がやって来て座るかを予想し、言ったのである。

超心理学に関する検査や実験、道具類の数はきわめて多いため、要約の形にせよ、ここに並べあげるのは難しい。実験室で用いられる実験方法は、どんなに単純なものであっても、必ず科学的性質を持っている。実際、これらの実験はすべて、何回となく繰返し行なわれ、記録され、その後で、その現象が起こる頻度について、数量的・統計的に比較検討がなされるのである。この作業にはコンピュータが使われており、いかなるいかさま行為も許さないために、考えうる限りの厳密さをもって行なわれている。

自分の「サイ」能力を調べてみたい人のためには、ラインが考案した普通の五二枚一組のトランプによって行なう検査をお薦めする。この方法は、まず最初に四枚のエースを抜き出し、表を向けて並べて場のカードとする。それから残りの四八枚のカードを切り、裏を向けたままで四種類の絵柄に分けて、四枚のエースカードの該当する絵柄のカードの上にそれぞれ積み重ねていく、というものである。

大切なことは、配っていくカードではなく、絵柄が見えている四枚のエースカードのほうに注意を集中させる事である。一回の実験で偶然に成功する平均確率は一二枚である。

第八章　昔の法律と現行法

旧約聖書は、占いを禁止する表現を残した、おそらく最初の重要なものであろう。「まじないをしてはならない。卜占《ぼくせん》をしてはならない」（レビ記、一九、二六）、「あなたがたは霊媒や口寄せに心を移してはならない。彼らを求めて、彼らに汚されてはならない」（レビ記、一九、三一）、「霊媒や口寄せのところにおもむき、彼らを慕って淫行を行なう者があれば、わたしはその者から顔をそむけ、その者をその民の間から断つ」（レビ記、二〇、六）。

実際、モーゼの律法は、この問題に関して非常に厳しい指令を出している。占い行為をした者に対しては死刑を科しており、これは占い師と依頼人の両者に当てはめられた。「異教の」風習は新しい宗教に対する、つまり神に対する重大な違法行為とされたのである。

次に、占いを弾圧しようとする最初の兆しが現われたのは、ローマ法においてであり、なかでも皇帝アウグストゥス（紀元前二七～後一四年在位）は、人の死を予言することを禁じた。この弾圧はティベリウス（一一四～三七年在位）の即位を機にいっそう激しくなり、多くの人びとが占星術を行なった咎によって死刑に処せられた。

ローマの歴代の皇帝がその後を引き継ぎ、多くは占い行為を取り締まるための法律を施行した。その一方で彼らは、自分たち自身が占い師に相談する権利は保留しておいたのである。占い師の大半は追放され、裁判は激増し、死刑に処せられる者もかなりの数に達した。皇帝たちは、こうして一方では自分たちが絶対的な信頼をよせる占い師の知恵と適切な助言を独り占めにしようとし、もう一方では自身の権力を維持しようとした。占い師のおかげで、誰も皇帝の行ないと生活に不審を抱くことがなかったのである。

ローマの退廃期には、刑罰法規の適用は次第に弱まったが、しかしキリスト教の誕生とともにこれらの法規は完全に息を吹き返した。四世紀と五世紀には、カトリック教会の影響が次第に大きくなっていった。コンスタンティヌス帝は、ミラノ勅令（三一三年）によって、異端者たちから教会をまもることを誓った。三一九年には、占い師たちに死刑を宣告し、彼らに占ってもらった人たちを国外追放にした。彼の息子コンスタンティウスは、この姿勢をいっそう強め、彼の施政当時に新たな断圧の時代が始まったのであるが、それは以後、何世紀にもわたって情け容赦のない抗争という形をとって続いたのである。

アグド宗教会議（五〇六年）、オルレアン宗教会議（五一一年）、オゼール宗教会議（五七八年）においては、占い師たちの破門が決められた。彼らに占ってもらった人びとは、破門された上に法廷で証言することも許されなかった。

キリスト教徒の皇帝たちは、彼らの異教の先人たちと同じ政治的理由で占い師たちを断罪し、教父たちの方は、そうすることによって異邦人たちの信じる異教、および彼らの行なう魔術と戦おうとした。サン・ドニ、サン・マルタン、サン・シュルピスほか多くの教父たちが「異端者たち」と戦い、多くの場合力ずくで、キリスト教の神の掟を強制したのである。

キリスト教会によって、ヨーロッパの宗教的・世俗的な征服が実現されていくのと同時に、占いは、徐々に、異端かつ冒瀆的なものとされていった。すなわち、見えないものは人間精神の理解を超えるものでしかなく、神のみがあらかじめそれらについて知ることができるのであって、未来を予言する者は悪魔に取り憑かれている、と考えられたわけである。当時明らかにされていた自然の法則からはずれた現象はすべて、悪魔のせいにされたのであり、占いはこれ以後、妖術と同一視されるようになったのである。異端審問の推進者であった聖王ルイは、異端者だけでなく、魔術師や占い師をも攻撃した。

十三世紀からは、本格的な「魔女狩り」が始まった。恐ろしい拷問に屈した魔術師や占い師や祈禱師たちは、彼らの「悪魔の行為」の報いを火刑台上での死という形で受けたのである。十五世紀だけでも、教皇庁によって三万人近くもの人びとが妖術を使った罪で焚刑に処されたのである！　一五八四年のブルジュ宗教会議では、次の文が示すように依頼人をも同様に非難している。「魔法使いのために苦しむことはない。彼らには死が与えられるであろう。占い師のもとに相談に訪れる者はすべて、死刑に処せられるであろう」。

かくして一六〇〇年から一七〇〇年の間に、キリスト教国全体で数多くの被疑者が断罪されることになったのである。

だが数世紀にわたって、数々の宗教会議や王令によって占い術の禁止や破門が絶えず更新されていたにもかかわらず、「吉凶占い」は相変わらず日常的に行なわれていた。ルイ十四世が一六八二年七月に出した次の勅令がその事実をよく物語っている。

毒を盛るもの、占い師、その他の処罰に関する勅令——

ルイ……、占い師、魔術師、もしくは魔法使いと称する者たちに対して、われわれの先王たちが発布した勅令は、長らく実施されずないがしろにされており、このような綱紀の弛みによって、われわれの王国に、他国からこうした詐欺師たちが侵入してきてしまっている。これらの者たちは、占星術、もしくは占いを口実に、またこの種の連中が扱いなれた、いわゆる魔術他、同様の妖術が生ぜしめる魔力によって、無知な、あるいは盲信しやすい人びとを驚嘆させることに成功するのである。その結果、こうした人びとは知らず知らずのうちに彼らと関わり合うことになり、たわいない好奇心から迷信や不信心、瀆聖へと進んでいってしまい、中でも誘惑者に身も心も捧げきってしまったような人びとは、忌わしい一連の教えによって、これら誘惑者が約束した効果をあげるべく、または彼らの有害な予言の成就のために、不信心や瀆聖という罪に加えて、さらに呪いをかけ、毒を盛るという犯罪を犯すようにまでなってしまうのである。

こうした行為はわれわれの知るところとなるのであり、われわれは適正な手段を用いて、こうした憎むべき行為を根絶し、その蔓延を阻止すべく、十全の措置を講じるであろう。犯罪の主犯および共犯者が罰せられた後も、われわれはこうした人物たちが永久に我国から排除され、わが臣民が彼らの脅威から守られることを願うものである。しかしながら過去の経験がわれわれに教えているように、この種の犯罪にあっては、犯罪のもととなる悪習を少しでも容認してしまうことがきわめて危険であり、また、こうしたことが隠れて行なわれているため、もしくは犯人の数があまりにも多いために、それが日常的な犯罪になってしまった場合には、これらの犯罪を根絶することはきわめて困難でもあるのだ。しかしわれわれは、神の大いなる栄光と、臣民の安全のためにはいささかの努力も怠ることはない。ゆえにわれわれは、昔の王令を更改し、これに次の事項を付け加えて再び施行することが必要であると判断したのである。すなわち、呪文や毒を用いる者すべてに対して用心すると同様に、占い師、魔術師、魔法使い、その他類似のくだらない職業につき、その言葉や行為によって、またわれわれの宗教のなかでも最も神聖なものを冒瀆することによって、人びとの精神を毒し、堕落させる者たち、神の掟と世俗の法の両方によって断罪されるべき者たちに対しても、充分、用心しなければならない、というものである。

この勅令はまた、人心の変化を示してもいる。実際、魔法は想像上の犯罪としか考えられなくなり、魔術師、魔法使い、占い師たちはもはや、いかさま師でしかなくなってしまったのである。占いは詐欺と見なされ、次のようなかたちで禁止された。

第一条――占いを行なおうとする者、もしくは占い師と名乗る者はすべて、この宣告が公布された後は、直ちに王国を去らなければならない。違反した場合には、体刑に処する。

第二条――聖書の言葉や教会における祈禱の言葉を悪用したり、自然の原理に何ら関わりのないことを言ったり、為したりすることによって、実質的な迷信行為を行なうことは、文字によるのであれ口頭であれ、すべてこれを禁ずる。これらを教示したことが分った場合、また、これらを使用しようとする者たち、またいかなる目的のためであれそれらを使った者たちは、ともに見せしめのために、それぞれの場合に応じて処罰せられるものとする。

第三条――また将来、いわゆる魔術を行なうという口実のもとに、あるいは同様の別の口実のもとに、迷信と瀆聖を結びつけようとするような有害な人物が現われた場合、断固としてその確信を変えようとしない者については、これを死罪にするものとする。

つまり、魔術に関わる罪は、聖職者ではなく、一般人によって裁かれることが決定されたのである。一八一〇年の刑法典もやはり占い師に言及しているが、その理由は、もはや過去におけるような政治的もしくは宗教的なものではなく、ルイ十四世の勅令が規定したと同じく、透視術師を、人びとの盲信につけ込んでだまし、金を巻上げる詐欺師、ペテン師と見なしたからである。

I　現行法

一八一〇年の刑法典の古い条文の内容は、一九五八年の新しい刑法典の条項によって再び取り上げられることになった。

三四条七項——占いや予言、および夢の解読を常習的に行なう者については、四〇フラン以上六〇フラン以下の罰金を科するものとする。

三五条——夢の解釈をした者に関しては、場合に応じて禁固五日以内とする。

三六条——更に占いの仕事を行なうために、あるいは予言を行なったり夢の解読をするために使われた、もしくはそれらの目的を持つ器具や道具、衣装のたぐいは、これを差し押え、没収するものとする。

三七条——三四条に該当する者すべてについて、再犯の場合には禁固一週間以内とする。

四〇五条——偽名を使ったり、肩書を詐称したり、あるいはいかさまの術策を弄して虚偽の計画や、ありもしない権威や信用を実際にあるかのように信じさせたり、もしくは成功する可能性や事故が起こる可能性、その他ありとあらゆる空想からくる出来事を予言して、いたずらに希望や不安を抱かせたりして、資産、動産、債券、自由処理権、手形、契約、支払済証書、弁済証書を自分に委ねさせた者、もしくはそれを企てた者、またこれらの手段のなかのいずれかを用いて、他人の財産のすべて、あるいは一部を詐取するか、あるいはそれを企てた者は、一年以上五年以下の禁固、および三六〇〇フラン以上、三六〇〇〇フラン以下の罰金に処す。

三四条は、実際には我国の法制史上、長らく特別の位置を占めていたこの事項に関する刑法で、今に残っている唯一のものである。

四〇五条は、より明確に詐欺行為そのものを対象としており、違法行為がなされたこと、つまり被疑者の側による何らかの詐欺行為がなされ、犠牲者が幾らかの金額を支払った、という場合に適用されるものである。

占いは相変わらず違法とされてはいるが、こんにちでは、ほとんど法律上でしか取り締まられていない。というのも、実際には有罪判決がくだされるのはまれであるし、詐欺行為に対しては告訴がなされたときしか効力を発揮しないからである。透視は慣習のなかにとけ込んでいるとさえ言えるだろう。たとえばラジオは占星術を途轍もなく高い位置にまで引上げたし、またほとんどの日刊紙は星占いを載せているのである。幾つかの専門紙で、透視は、宝くじや三連勝式馬券を買う人に助言を与えており、専門誌には「違法な」広告が満載されている。

第九章　時代の流れに沿って

I　古代から四世紀まで

占いの先駆者といえば、間違いなくシュメール人とエジプト人であるが、いわゆる「オカルト学」については、古代の文書にはすべて、これがカルディア人によって始められた、と記述されている。こんにちにいたるまで、人間生活にかくも大きな重要性を占めた占いの手法はすべて、その起源をバビロンにまで遡る。生贄にした動物の臓腑、とくに肝臓の鑑定や、あらゆる物事の予兆の説明、奇形の誕生であれ異常気象であれ、人生を襲うあらゆる稀な事件に関する説明、さらには夢の解釈にいたるまで、あらゆる手法の歴史はすべてバビロンに始まったのであり、ここで組織的かつ論理的に練り上げられたあと、概説書にまとめられたのである。当時は占いと魔術は大祭司たちに独占されており、彼らに神の力をもたらしていた。この二つは完全に宗教活動に取込まれていたのである。

古代のユダヤ人たちは、自分たちが触れた風習に順応し、やはり占いに夢中になった。たとえば、ヘブライ人の初代の王、サウル（紀元前一〇三五年）は、禁令にもかかわらず、エンドルの女予言者に占ってもらっている。以降、多くの王が彼に倣うようになった。その後、オリエントと恒常的に関係を保っていたギリシア人たちが、バビロンの遺産を地中海沿岸全体に広めた。

古代の超心理学の実験として知られている最も古いものについて、ヘロドトス（紀元前四八四〜四二〇年）が次のように伝えている。(1)

クロイソス王は、ペルシア王国の力が次第に強大になることに不安を覚え、神託に相談することにした。

最も有能な占い師を見つけるために、王は神託所に密使を送りこんで、この密使にサルディニアを出てから一〇〇日目に、次のような質問をさせた。「クロイソス王は、こんにち、何をしているか？」

デルフォイの巫女の次の答だけがわれわれに伝えられている。「私には一匹の亀が甲羅のなかで、子羊の肉と一緒に青銅の鍋で煮られている匂いがします。上も下も、四方すべてを青銅がとり囲んでいます」。

これは正しい答だった。クロイソス王は、その日、占うことが不可能なことを考え出そうとした結果、一頭の子羊と一匹の亀を、青銅のふたをした青銅の大鍋のなかで一緒に煮させたからである。

(1) ハンス・ベンダー『超心理学の世界』、ダングル社、一九七六年。

ローマでは皇帝たちは、魔術師や占い師たちを自分たちのために奉仕させ、施政において採るべき道を告げさせた。刑罰法規が、彼らにこうした独占を許したのである。たとえばアウグストゥスは占星術師、テオゲネスに占ってもらい、ティベリウスはトラシルを庇護している。

かくして三世紀の終わりには、ローマでは占いが盛んに行なわれていたが、また同じ時期に、占いはキリスト教との抗争に入ったのである。実際には、占いと戦うことは異教と戦うことであったのであり、四世紀以降、聖バシリウスや聖アウグスティヌス、聖アンブロシウスによって本格的な戦いが始った。

Ⅱ　中世（五世紀から十五世紀まで）

占いを弾圧しようとする動きはこの時代に激しくなっており、教会博士や宗教会議は、占いの禁止を定期的に行なったが、それほど効果は上がらなかった。一方で、パウルス三世、ユリウス二世、レオ十世ほか、何人かのローマ教皇が、ルカ・ガウリコ殿下（一四七六〜一五五八年）の熱心な依頼人であったことも事実である。ルカ・ガウリコは、大司教であると同時に、占星術師であり、ユリウス暦をグレゴリオ暦に改革しようとする運動の推進者の一人でもあった。

占いは、弾圧にもかかわらずかなり自由に、さまざまな社会階層に広まり続けた。実際に「医師であり錬金術師であり占星術師である」者たちがヨーロッパの主な王宮に現われ、そこで財を成していった。敬虔王ロベール（九九六〜一〇三一年）はグイド・アレティヌスを寵用し、ルイ七世（一一二〇〜一一八〇年）はジェルマン・ド・サン・シル師を庇護した。彼はとりわけ百年戦争の予告を行なっている。ルイ九世も彼の占星術師を抱えていたし、賢明王シャルル五世（一三三八〜一三八〇年）は、百年戦争に際してデュ・ゲクラン元帥に一人の占星術師を付き添わせ、指示を与えさせた。また一方で、占星術の学校をジェルベ師に委ねてもいる。ルイ十一世（一四二三〜一四八三年）は、お抱え占い師ガレオッティの意見を聞かずに何かをすることはなかった。ガレオッティはといえば、悪知恵を働かせるだけでまんまと無事な生涯を手に入れたことを、次の逸話が伝えている。(1)

実際に、ガレオッティは、一四六八年にペロンヌで行なわれた国王とシャルル勇胆公の会談の直前に、重大な間違いを犯したため、国王の釈放後、身の危険を感じたと伝えられている。ルイ十一世は捕えられていたために、多大な譲歩をせざるをえなかった。

国王の地方行政官トリスタン・レルミットは、王が「神が我らを見守り給う」と宣言するや、すぐさま彼を捕え、絞首刑にすることになっており、反対に王が「無罪放免」といえば、彼を釈放することになっていた。

ルイ十一世はガレオッティを招き入れ、次のような策略を弄した質問をした。

「お前はたいそう正確に未来を予言するのであるから、自分がいつ死ぬかを言うことができるであろう?」占い師は見事にこの質問をはぐらかして、こう答えた。「国王陛下、私の術ではその正確な日時を言うことはできません。ただ私に言えることは、私が陛下より三日前に死ぬだろうということだけです」。ルイ十一世はたちどころに叫んだ。「無罪放免だ!」

(1) J・P・デスモンド、P・グーレーヌ共著『透視家に関する調査』、アラン・モロー社、一九七八年。

III　ルネサンス期(十五世紀および十六世紀)

一四五〇年以降、占いは、新しい伝播方法、つまり印刷術を用いることによって目覚ましい発展を遂げることになった。占星術の概説書、占い年鑑、およびさまざまな占いの本によってオカルト思想の大家たちは、魔術を知的に高め、その結果、各王国の高官たちの間に、よりいっそうの興味を引き起すことになったのである。

占い師の大半はイタリア出身であった。たとえばカトリーヌ・ド・メディシスを取り巻いていた神秘学者たちの一人に、フィレンツェの魔術師コム・ルジエリがいたが、その影響力は絶大であった。とりわけ彼がカトリーヌ・ド・メディシスに次のように予言したことがよく知られている。「サン・ジェルマンがあなたの死を予見するでしょう」。これを聞いたカトリーヌ・ド・メディシスは、直ちにサン・ジェルマン・ロクセロワにごく近いルーブル宮およびサン・ジェルマン城を去り、ヴィアルム街に移った。こうすることで運命を逃れることができると信じたのである。こういうわけで、一五八九年、ブロワで病を得たカトリーヌ・ド・メディシスは、病気の結果についてさほど大きな不安を抱いたわけではなかったにもかかわらず、主任司祭を呼んで宗教上の務めを果そうとしたのである。しかし主任司祭が不在だったために、若い司祭が彼の代りにやってきた。告解に際して彼女が「司祭様、あなたのお名前は何とおっしゃいますか?」と尋ねると、彼はこう答えたのである。「私の名は、ローラン・ド・サン・ジェルマンと申します」。驚いたカトリーヌは叫んだ。「サン・ジェルマンですって! サン・ジェルマン！　ああ、それなら私は死ぬんだわ！」彼女はその翌々日に息を引取った。

ノストラダムスの有名な『予言集』（原題『百詩篇集』）が刊行されたのもルネサンス期であり、その評判は以後、何世紀にもわたって続くことになるのである。

Ⅳ　十七世紀

十七世紀は、フランスにとって多くの点で変化の世紀であったと言えるが、占いについてはとりわけその表現が当てはまる。占い師たちはもはや、オカルト学の偉大な師ではなく、単なる実演者になっていた。占いについては相変わらず誹謗者と同数の信奉者がおり、「魔法使い」もやはり熱心に求められはした。しかし、大いなる魔術の時代は幕を下ろし、科学の時代に取って代られることになるのである。

一六六六年、コルベールは各大学から占星術師を追放した。これを機に、占星術と天文学が区別されたのである。パリには数多くのトランプ占い女や、女吉凶占い師、また多くの魔女や、毒を盛る女たちがいた。そしてまたこの時代は記録的な裁判が行なわれた時代でもあった。ブランビリエ侯爵夫人の裁判、ヴォワザン夫人の裁判である。ヴォワザン夫人は、実際は砒素の粉末でしかないものを「継承の粉」と偽って顧客に売りつけ、莫大な財産を築いたのだ。この事件によって広がった恐慌のために、一六八二年、占い師と魔術師を違法とする旨の勅令が発布された。それでも相変わらず、占いや磁気説に関して数多くの本が書かれ、女占師に占ってもらおうとする人びとも後を絶たなかった。

V　十八世紀

十八世紀は、占いの変化が終わりを迎えた時代である。トランプ占い師、占星術師、手相見は、地域や顧客によってそれぞれ料金は異なるものの、公認の専門家になった。宣伝は口伝てになされた。占いは、何世紀にもわたってその特徴であった「悪魔的な」性格を完全に失ってしまい、すでに現在知られているようなかたちになったのである。

この時代は、謎めいたサン・ジェルマン伯爵、および神秘的な不滅の錬金術師、ジョゼフ・バルサモ、通称カリオストロを生んだ時代でもある。

Ⅵ　十九世紀

十九世紀には、占い師、魔法使い、魔術師という言葉は、より近代的な言葉に取って代わられるようになった。すなわち、霊媒、千里眼、透視術師である。透視術師たちはこれ以後、診察室で仕事をするようになり、宣伝を利用するようになった。この時代には交霊術が盛んに行なわれ、超心理学が懐胎期にあった。

ロシアでは皇帝ニコライ二世が、有名なリヨンの祈禱師で透視術師であるアンテルム・フィリップ、通称リヨンのフィリップ師を迎え入れた。フィリップ師は実際に、祈禱によって奇蹟的な治癒をもたらしたのみならず、依頼人の過去と未来を言い当てたのである。(1)

(1)「ヒストリア」誌、三九七号―二、一九七九年。

たとえばある日、右腕が麻痺した男が彼のところにやってきた。フィリップ師は彼にこう言った。

「おかしいですね……あなたの腕は以前には動きましたよね。その腕でこんな動作もしましたね」。そう言って、彼は片方の手を振り上げて相手を脅すような仕草をした。客はがっくりと倒れ込んだ。この男は以前かっとなって、まさにこれと同じ動作によって弟を殺していたのだった。

また、フィリップは、ある女性が幼ない娘の病気を治して欲しいと頼んできたとき、これを断わろうとした。なおも懇願する母親に、彼はこう言ったのである。「あなたは本当に娘さんの病気を治して欲しいとお望みですか？　将来、どんなに後悔なさることか。今、それがお分りになったら……」。娘は健康を回復した。しかし、長じてのち、この娘は自分の母親を殺したのである。

フィリップ師はまた、王位の後継者がいないことに絶望していたロシア皇后に、息子の誕生を予言してもいる。

VII　二十世紀

ラスプーチンはこの世紀の始まりを告げる人物だったと言えるだろう。彼は最後の祈禱師、魔術師であり、透視術師であった。彼の名前は、ニコライ二世とアレクサンドラの名に深く関わって歴史に残るであろう。彼は、自分が暗殺されるまさにその朝に、皇帝のために真に予言的な遺言書を作成していた。(1)

（1）「ヒストリア」誌、三九七号―二、一九七九年。

「自分は一月一日以前に、命を終える予感がする。ロシア国民に、ロシア皇帝に、王妃に、子供たちに、知っておいて欲しいことがある。もし私が、わが兄弟であるロシアの農民たちに殺されるならば、あなたは何も恐れることはない、あなたは王位にとどまるであろうし、あなたの子供たちは何世紀にもわたってロシアを治めるであろう。だがもし、私が貴族たちに殺された場合には、彼らの手は血で汚れたままになるであろう。彼らはロシアを捨てるであろう。ロシアの国の皇帝よ、もしあなたが、グリゴリが殺されたことを告げる鐘の音を聞いたなら、次のことを知るように。わが死をもたらしたのが陛下の親族であったならば、あなたの子供たちも親族も一人残らず、今より二年以上、生きながらえることはないであろう。彼らはロシア国民に殺されるであろう」。

この直前、ラスプーチンは皇帝にこう言っている。

「陛下、七番目の日にお気をつけください。七の数字が現われる日は、苦しみの徴であると予想されるからです」。

事実、一九一七年三月十五日、ロシアでは皇帝の譲位があり、その十六か月後の七月十七日、エカテリーヌブルグの悲劇が起こったのである。

現代においても、占いがそっくりそのまま残っていること、あらゆる種類の禁止やあらゆるイデオロギーに耐えて、生き残ることができたことはこれを認めないわけにはいかないであろう。透視術師や占星術師は、科学的合理主義が勝利をおさめる時代にあってもなお、存在しているのだ。超心理学は、「サイ」現象に関する探求を続け、いつの時代にも人びとを魅惑する、さまざまな神秘の謎を解こうと試みているのだ。西欧のほとんどの国々で発行されているさまざまな雑誌や日刊紙には、ほとんどすべて占星術の欄がある。

第二次大戦後程なく、最初の、発行部数の多い占いの専門誌が刊行された。占いはラジオを支配下においたかに見え、占星術はさまざまな情報源を利用しており、テレビは頻繁に超常現象をテーマにした番組やインタビューを組んでいるのだ。

第十章　有名な透視について

I　ノストラダムス

ノストラダムス（一五〇三〜一五六六年）は、間違いなく、かつて存在した最も有名な占い師であり、透視について語る際には、ミッシェル・ド・ノートルダム、通称ノストラダムスに言及しないわけにはいかないだろう。

医師にして占星術師、預言者であるノストラダムスは、後世に残された四七八〇行に及ぶ詩句の作者である。これらの詩句は、注釈学者たちによる考えうる限りのあらゆる結論が生まれるもととなり、オカルト主義の愛好家たちをいまも変わらず虜《とりこ》にしている、まさに錬金術の金字塔ともいうべき作品である。

彼の『予言集』（原題『百詩篇集』）の内容は、確かに全体的に見てことさら謎めいており、そのためにこれらの詩篇を読むのは難しいが、そのなかの幾つかの四行詩は、歴史上重要な幾つかの出来事を正しく予言していることを示すに足る、充分な明解さを持っているのだ。
たとえば、ノストラダムスの『予言集』の一五五五年の初版には、フランス国王、アンリ二世の悲劇的最期を予告する次の有名な四行詩がある。

若き獅子が老いたる獅子を打ち倒さん、
戦場にて一騎打ちの果て。
黄金の籠のなか、その両の眼をくりぬかれ。
二船団が一となり、やがて死なん、酷き死。

一五五九年六月三十日、騎乗槍試合の最中に、アンリ二世は相手のモンゴメリー伯爵の折れた槍によって片眼を差し貫かれ、致命傷を受けた。前掲の詩句のなかで詠われている二頭のライオンの中、一方はスコットランド国軍の紋章の図柄であり、モンゴメリー伯が隊長だった近衛隊を暗示している。もう一方は占星術においてフランスとフランス国王のしるしである。金の檻はほかならぬアンリ二世が被っていた兜の比喩である。
ノストラダムスは、英国史と特に関連の深い幾つかの出来事の他、フランス革命における幾つかの事件、とくにヴァレンヌにおけるルイ十六世の逮捕を予言している。また次の詩句によって、ナポレオンの英雄譚も予言している。

さる皇帝がイタリアの近くに生まれ、
帝国に高値で売られん。
口の端にのぼらん、いかなる輩に加担するや、と。
君主と言うよりは肉屋とおぼしきその人は。

一般に、ノストラダムスの著作はとにかく非常に難解であり、そのなかに出てくる予言は、ほとんどの場合、それらが実現して初めて理解されるようになっているのである。
彼の著作は、つねに数え切れないほどの研究の対象となってきたが、その解読の試みは徒労に終わってきた。しかし、ノストラダムスはそのような事態を望んでいたのではなかっただろうか？

これらの詩句を読む人びとは、それらについて注意深く熟慮されんことを。
俗人や無学な人びとは、それらに手を出さないよう用心するように。

II　カゾットの予言

一七八八年一月、当時最高の知名人たちが集まった晩餐会の際に、ジャック・カゾットは大革命に関する最も有名な予言を行なった。カゾットはオカルト学に熱中しており、同時に『恋する悪魔』（フランス最初の幻想小説）の作者でもあった。

晩餐会に出席していた人物のなかには、作家のシャンフォール、コンドルセ、ラ・アルプ、ヴィック・ダジール、グラモン公爵夫人らがいた。集まった人びとの話題は、自然に、ヴォルテールが人間精神にもたらした変化や、来るべき、幸福な哲学と理性の支配する時代へと向かったが、その晩集まっていた人たちは、その時代を見ることはけっしてなかったのである。カゾットはそのとき、このように口を切ったのだ。

「皆さん、喜んでください。あなた方は全員、あなた方が心から望んでおられる偉大で崇高な革命を目にすることができるでしょう。ご存知のように、私は少しばかり予言をすることができます。繰り返します。あなた方は革命を見るでしょう。あなた方はこの革命で何が起こるか、分かりますか？　この国におられる限り、あなた方すべての身に何が起こるか、分りますか？　コンドルセ殿、あなたは牢獄の石畳の上で報いを受けることになるでしょう。あなたは、死刑執行人の手を逃れるためにみずからのんだ毒で死ぬでしょう。あなたはその時期、「幸運にも」その毒をつねに身につけていざるをえなかったのです」（コンドルセは独房で服毒死した）。

カゾットはまた、シャンフォールは逮捕を免れるためにみずから手首の静脈を切るが、彼がそれによって死ぬのは数か月経ってからであること、ヴィック・ダジールも自分の静脈を切らせるだろうこと、バイイ氏（後のパリ市長）はギロチンにかけられるであろうこと、そしてグラモン公爵夫人ほか、その夜晩餐会に出席していた多くの人びとの名前を挙げて、彼らもまたギロチンにかけられるであろうことを予言した。

「私があなた方に言ったことすべてが実現するまでに、六年はかからないでしょう……」。

そして彼は発言を終えるに当たって、彼自身もまた断頭台に登ることを免れないだろうと明言した。それから四年後の一七九二年に、自由と哲学と理性の名の下に、多くの人びとの首が切って落とされた。そしてこの有名な晩餐会の折にカゾットによって名指された人びとはすべて、カゾットの予言通りに死んでいったのである。カゾット自身もこの年の九月二十五日に絞首台の露と消えた。

カゾットの予言は、一八〇五年になってからラ・アルプによって刊行された。そのため多くの歴史家は、この予言はおそらく革命が終わった後、それを伝えたラ・アルプによって捏造されたのではないか、と言うようになった。しかし、この予言のことを大革命以前に知っていた人びとが何人かいたことを証明する幾つかの証拠がある。たとえばイギリスの作家ウィリアム・バートは、彼の著作『自然のさまざまな不可思議に関する観察』のなかで、この晩餐会に出席して、カゾットの予言を聞いたことを明言している。ジャンリス夫人は、大革命以前にこの予言についてラ・アルプ本人の口から聞いて知っていたことを彼女の書簡の中で証言している。さらにルイズ・ドベルキルシュ男爵夫人も、一七八九年で終わっている回想録のなかで、この有名な予言に言及している。

Ⅲ　ルノルマン嬢

革命期、帝政、王政復古の各時代を通じて、タロット・カードの女王であったルノルマン嬢は、占星術師であり、カード占師であった。彼女の行なった一連の透視があまりにも正確であったために、彼女は数回にわたって投獄された。彼女はツールノン街にある豪華なサロンに、当時にとどまらず、歴史的にも最も著名な人物たちを迎え入れた。たとえば一七九三年には二人の男が偽名を名乗って彼女の診察室を訪れている。すなわちロベスピエールとサン・ジュストである。二人は予言を聞くべくやってきたのだ。彼女は二人に次のようにだけ告げた。

「あなた方の運命は互いに関連しています。夏の夜と、嵐にお気をつけください」。

総裁政府時代には彼女の名声はいっそう高まった。バラス、タリアン、タルマ、ダヴィッド、レカミエ夫人が彼女の依頼人になった。そしてある日、ジョゼフィーヌ・ド・ボーアルネという名の美しい、クレオールの寡婦が現われて、周囲が反対している結婚について、助言を求めた。

「私の恋する男は、コルシカ生まれの背の低い将校です。財産もなく、おそらく将来性もありません」。

ルノルマン嬢はトランプで占った後、次のように告げた。

「あなたの小さな将校殿は、最高の未来を約束されています。彼は当代のすべての人間を凌駕するでしょう。あなたも彼の栄光に与かることになるでしょう。でも、お気をつけなさい。この栄光は束の間のものであり、あなたはご自身の愛情のゆえに多くの涙を流すことになるでしょう」。

王政復古とともに、ルノルマン嬢の評判は国境を越え、ロシア皇帝アレクサンドルもまたパリを通りかかった際に、彼女に会いに行っている。

また、彼女は三〇年も前に、パリ・コミューンの攻防を予言している。

「通りにも、広場にも、砲弾が雨と降るだろう。おお、パリよ、お前を抱きしめている城塞は、お前の胸元に死を浴びせかけるであろう。お前の猛り狂った住民らは、みずからお前の宮殿や建造物に火を放つであろう。しかし、勝利はお前のものとなるであろう」。

透視術師としての仕事に加えて、ルノルマン嬢は文筆家でもあった。エセー、回想録、託宣は膨大な著作集となったが、こんにちでは忘れ去られてしまっている。彼女はまた、今でも用いられている彼女の名前を冠したトランプ占いの生みの親でもある。

Ⅳ 農夫マルタン

一八一五年一月十五日、ウール・エ・ロワール県の農夫、トマ・マルタンの目の前に一人の男が現われ、ボース地方の方言で、自分は大天使ガブリエルであると宣言した。男は彼に、国王ルイ十八世に会いに行くようにと、国王に会ってフランスを数々の大きな不幸から救うために王がなすべき事を伝えるようにと頼んだ。これが原因でマルタンは、精神病医の尋問と診察を受けたが、何ら精神錯乱の兆候は認められなかった。それでも彼の言葉が社会秩序を乱すことがないように、ということで彼はシャラントン精神病院に拘禁された。

しかし、守護天使は再び彼の前に現われ、彼を安心させた。結局マルタンは、最終的には国王に迎え入れられることになったのである――

「私があなたに言わなければならない秘密とは、あなたが本来、ご自分のものではない、その権利をお持ちでない地位についておられるということです！」

「何だって！　我が兄とその子供たちが死んだ今、私が正当な王位継承者ではないというのはどういうことか？」

「そのことについては私は何も分りません。ただ私に分かっていることは、王位はあなたのものではない、ということだけです。私が今申上げたことは、過去のあの日、真実であったと同様に正しいのです。その日あなたはサンテュベールの森であなたの兄上、国王ルイ十六世と一緒に狩りをしておられ、国王はあなたの目の前、一〇歩ばかりの所にいらっしゃいました。そしてあなたは彼を殺そうとしたのです」。

そしてマルタンは国王に、国王の殺人未遂について詳細にわたって語った。ルイ十八世はひどく動揺し、そのうえ自分の動揺を隠そうとさえせずに、次のように言った。

「そのことを知っているのは、神と私のみだ。こうして会って話した内容についてはすべて、堅く秘密を守ることを約束せよ」。

マルタンは秘密を守ることを約束し、そしてこう付け加えた。

「ランスで聖別してもらうのはお止めください。もし敢えてなさったならば、聖別の儀式の最中に死があなたを襲うでしょう……陛下、あなたはルイ十七世が生きておられることをご存知です。あなたはご自分が、甥御から不当に奪った王位についておられることをご存知のはずです……」。

かくして聖別の儀式は取消しになった。

トマ・マルタンは、シャルル十世がランブイエに亡命して、パリの革命家たちに対してどのような行動をとるべきか躊躇していた際に、彼にとっての二度目の、歴史上重要な役割を果たすことになった。国王は、見神者としての評判が国中に広まっていたマルタンの意見を聞くことに決めたからである。トマ・マルタンは次のように告げた。

「シャルル十世はもはや、国を統治することはないでしょう。できる限り速やかにフランスを去る決心をするしかありません。アングレーム公と国王は二度と再び、フランスを見ることなく、異国の地で死ぬでしょう。アンリ五世は国王になることは決してないでしょう」。

シャルル十世は諦めて国外に逃れた……。

農夫マルタンは、ルイ十八世との密談の内容をシリー伯爵に漏らした後に、シャルトルで毒を盛られ、絞殺された。

V　フレイヤ夫人(1)

フレイヤ夫人は二十世紀初頭の最も有名な女透視術師であった。パリのあちこちのサロンでまさに人気者であり、彼女の政治的影響力は絶大であった。彼女の透視能力に非常に感銘を受けたピエール・ロチは、彼女の常連の一人になった。急進社会党のリーダーの一人、アルベール・サローやジャーナリスト、レオン・バイイ、そしてサシャ・ギトリも彼女の診察室で見かけられるのがつねになった。

(1)　シモーヌ・ド・テルヴァーニュ『エリゼ宮の女透視術師』、ピグマリオン社、一九七五年。

ユスーポフ大公には、彼女はこう予言している。

「あなたは、ある人物をみずからの手で暗殺するでしょう。それでもそのとき、あなたは自分が良い行為をしたかのような気がするでしょう」。

大公はとても驚いて、また明らかに疑わしげな様子だった。彼は自分がラスプーチンの殺害者に指名されるとは思ってもいなかったのである。

一九一〇年の七月のある夜、ジャン・ジョレスが街でこの女透視術師に近づいてこういった。

「私は自分がいつ死ぬか、知りたいとは思わない。だがどのような死に方をするかは知りたいのだ……」。

しばらく躊躇した後、彼女はついに次のように言った。

「私にはあなたが街中で変死なさるのが見えます」。

ジョレスは、一九一四年七月三十一日、つまりフレイヤ夫人の予言の四年後、モンマルトル街の「三日月ジョッキ」で、ラウール・ヴィランによって暗殺された。

一九一四年から一九一八年までの大戦の間に、彼女は最高位の政治家たちと近づきになった。すなわちアリスティッド・ブリアン、デルカッセ、ミルラン、マルヴィーである。

これらの人士たちは彼女に次のような質問をした。

「あなたは、ドイツ軍がパリに侵攻してくるとお考えになりますか?」

これに対して彼女は、こう答えている。

「いいえ、彼らはやって来ません。ドイツ軍は九月十日頃にエーヌ県に立てこもらざるをえなくなります。これは彼らの計画の挫折を意味します」。

彼女はまた、レイモン・ポワンカレのために占い、カイザーの失墜と、ジョルジュ・クレマンソーの運命を告げた。占領時代には、彼女はドイツ軍の敗北を予言した。彼女には実際に、イギリス軍とアメリカ軍の旗を掲げた凱旋行進が、シャンゼリゼ大通りを行くのが見えていたのである。

フレイヤ夫人は、ケネディ大統領の暗殺、および数人の国家元首の失脚を予言した後、一九五四年に死んだ。

VI　ジーン・ディクソン（1）

ジーン・ディクソンは確かに、こんにちのアメリカで最もすぐれた透視術師の一人である。占星術に関する多くの本の作者である彼女は、とりわけJ・F・ケネディ大統領の死、およびその五年後の弟ロバート・ケネディの死に関する予言で注目を浴びた。

（1）「ヒストリア」誌、三九七号—二、一九七九年。

実際、一九六三年十一月二十二日、彼女は自分が主催したワシントンのメイフラワー・ホテルでの食事会で、突然気分が悪くなり、招待客に次のように告げたのである。

「私は何も食べられません。とても心配です。まさにこんにち、大統領の身に何か恐ろしいことが起ころうとしています」。

しばらくして、ラジオ放送がテロの発生と、その犠牲者がJ・ケネディであることを告げた。この運命の日のはるか以前に、ジーン・ディクソンはすでに大統領の悲劇的な最期を予感していた。彼女はケネディの周囲の人たちに大統領の警護を厳重にするように、またダラスに行かせないようにと警告してさえいたのである。彼女にはダラスという地名が「見えて」いたのである。コンラッド・アデナウアーやニクソンも彼女の顧客の一人となっており、もはや彼女は、国際的な占い師となってた。

Ⅶ　二十世紀についての空想上のヴィジョン(1)

二十世紀についての最も衝撃的なヴィジョンの一つは、ルイ・エムリシュの著書『世界の未来』のなかにあるもので、十七世紀の修道士がわれわれに伝えているものである。

(1)「ヒストリア」誌、三四特別号、一九七四年。

「幾つかの世紀が驚くべきものであったとしても、二十世紀こそは最も恐るべき世紀となるであろう。二十世紀は、地球上のすべての人にとって恐怖と悲惨に充ちた時代になるであろう。この世紀には想像しうる限りの悪いことや不快なことが起こるであろう。世紀のはじめには多くの国々において、皇太子は父王に反旗を翻し、市民は権力者に対して、子供たちは両親に、異教徒たちは神に、そして民衆はすべて既製の秩序に対して反乱を起すだろう。そして戦争が勃発し、砲弾が空から雨のように降り注ぐだろう。それから二番目の戦争が起こり、その間にほとんど世界中が大混乱に陥るだろう。富や財産は災厄に見舞われ、多くの涙が流されるだろう。人びとには心も、憐れみの情もなくなるだろう。汚染した雲、焦熱の太陽光線、走り回る鉄の要塞、恐ろしい砲弾や矢を満載した艦船、死の兆である流星、硫黄の砲火、これらがいくつもの大都市を破壊するだろう。この世紀はあらゆる世紀のなかでも最も恐るべき世紀となるであろう。何故ならば人びとは自分たちに対しても世のなかに対しても逆上し、互いに殺し合うことになるだろうからである」。

十六世紀前半に、ユルシュラ・ソンティールもまた、二十世紀について黙示録的なヴィジョンを描いている(1)。

車は馬なしで走るようになるだろう。
さまざまな事故が人びとを悲しませるだろう。
さまざまな思考が一瞬の間に、
土地の周囲を駆けめぐり……（中略）
人は馬に乗る必要なく

山々を突き抜けて進むようになるだろう。
そして又、水中を進むこともできるようになるだろう。
それも歩いたり眠ったり話をしながら。
空中では、白や黒や緑の服を着た
姿が見られることだろう。
木の船と同様に、鉄の船が水上に浮かぶだろう。（中略）
イギリスは侵略を受け、
世界はついには一九九一年に終わるだろう。

（1）J・ディールキンス、C・ディールキンス共著『超心理学実験概論』、カステルマン社、一九七八年。

Ⅷ　文学作品に描かれた透視

「タイタン号」(1)――一八九八年にアメリカの空想科学小説家、モーガン・ロバートソンは、彼の小説『タイタン号遭難』（原題『空虚』）のなかで、一隻の巨大船の遭難の模様を描いている。この空想上の船は排水量七万トン、全長八〇〇フィートで、三〇〇〇人の乗客を輸送することができる三枚スクリューの高性能巨大船だった。四月のある夜、その処女航海の際にこの船は、霧のなかで氷山にぶつかり、沈没した。その名前は「タイタン号」だった。乗船客の多くが死んだが、それはこの船が救命ボートを二四隻しか積んでいなかったからだった。

（1）前掲書。

のちにタイタニック号が同じ状況下で姿を消すことになったわけだが、こちらは排水量六万六〇〇〇トンで、全長八二八・五フィート、収容乗客数三〇〇〇人で、やはり三枚スクリューだった。惨事が起こったのは四月の夜で、乗客二〇二七人の中、一五〇〇人が死んだ。タイタニック号も救命ボートを二〇隻しか搭載していなかった。

『SS』――一八九六年に、イギリスの小説家M・P・シールが書いた小説。このなかでおぞましい人物たちの一団が、人類の進歩にとって望ましくないと自分たちが判断した一族全員を、離散の憂き目にあわせ、ヨーロッパ全土を恐怖に陥れる、という状況が描かれている。この小説の題名は、『SS』[1]だったのである〔SSとはナチス・ドイツ親衛隊の呼称である〕。

（1）L・パウェルズ、J・ベルジェ共著『魔術師たちの朝』、ガリマール社、一九六〇年。

『月世界旅行』——ジュール・ヴェルヌは間違いなく、文学史上、最も偉大な幻視者である小説家の一人であろう。とりわけ重要な点は、彼が『月世界旅行』のなかで、ロケットをケープ・ケネディ（かつてのケープ・カナベラル）からさほど遠くないフロリダの海岸から発射させていることであろう。

『徴用係』[1]——オノレ・ド・バルザックは彼の小説『徴用係』のなかで、超心理学の誕生を予見している。「デイ夫人がカランタンで死んだちょうどその時間に、彼女の息子はモルビアン県で銃殺された。この悲劇的な事件は、空間の法則を超えた交感に関する、さまざまな考察に付け加えることができるだろう。これらの文献は、孤独な人間たちが学問的な好奇心から集めたものであり、いつの日にか新しい科学の基礎を築くのに役立つだろう。この新しい科学はこれまで、才能ある人物に恵まれなかったのである」。

（1）前掲書。

多くの小説家たちは、真の透視術師でもあったことが明らかになっている。実際、文学は、ここに引用したと同様の事柄で満ちあふれているのである。

結び

透視術が、たとえ執拗に中傷されようと、また反対に、人びとが占い術に夢中になろうと、いずれにせよ次の事実は認めないわけにはいかないだろう。すなわち職業としての透視術は実際に存在するのであり、それはわれわれの慣習のなかに溶け込んでおり、否定しがたい社会的現実である、ということである。透視術は現実的な必要に応じたものであり、人間の秘められたさまざまな問題に対応しているのである。人生の特定の時期に必要な、保護者の役割を果して、人間のいろいろな辛い経験を和らげてもくれるのである。時を経て、透視術は正当化されるようになった。占いに対する度重なる禁止や激しい迫害にもかかわらず、占いはけっして無くなることはなく、多くの人びとによって求められ続けたのである。こんにち、その状況は、これまでみた以上であるということができるだろう。

占い術は変化の真っ只中にある。新世代の透視術師たちは、過去の蒙昧主義から抜け出し、占い術に新しい表情を与えつつあるのだ。占いは「ルネサンス期」に入ったのである。占いは、ついに実験室に入っていったのであり、そこでは数多くのすぐれた学者たちが占いを詳しく分析し、研究し、立証している。かくして、この世界で最も古い「術」は、その権威を回復したのである。超心理学者によって超感覚的知覚の能力が実在することが確認されれば、人間生活に目覚ましい結果がもたらされるだろう。

透視術師たちは、ついに科学によるみずからの正当化を勝ち取ることができるのである。

訳者あとがき

本書は、Joseph Dessuart et Annick Dessuart, *La voyance* (coll.《Que sais-je?》n°1877, P.U.F., Paris, 1980: 原題『透視術』) の全訳である。

ジョゼフ・デスアールは、一九四四年、モロッコ北部の、かつてイスラム教の中心地であった古都フェズに生まれ、透視術師・霊媒の養成所を経て、パリで開業した透視術師である。「透視の週間」や「デスアール・カップ」(最も権威ある透視の年間賞の一つ) の創始者であり、毎週、自分のセンターで講演も行なっている。かつて、透視術師の社会的地位の向上を目指して、超心理学者協会の設立に向けて努力したが、実現には至らなかった。著書には他に、*Moi, raspoutine*, ed. Taillandier, 1990 がある。

「サイ」、「被験者」、「心霊主義」、「超常現象」——一部の人びとにとってはごく親しいこれらの言葉に象徴されるような、人間精神の未知の部分・闇の部分は、一見、高度情報化社会とは無縁のようであるが、実際はどうなのだろうか?

デスアールは、本書中で、次のように指摘している。フランスにおける公認、非公認両方をあわせた開業透視術師は三万人に上り、この数は、フランス全土の医者の数、四万人とくらべた場合、透視術の需要の多さを端的に示すものである、と。

日頃はあまり目にすることのない透視術に関する情報についても、インターネットのサイトを開けば、そこにはさまざまなニュースが満載されており、実は少なからぬ数の人びとが、透視術に多大な関心を寄せている現実を知ることができる。

本書の結びで、デスアールが二〇余年前に「占いはルネサンス期に入った」と述べ、「透視術師は、ついに科学によるみずからの正当化を勝ち取ることができるのだ」と期待を込めて語ったときから、実験室における超心理学の研究がどれほど進歩したのか知るよしもないが、いずれにせよ、人間についてできるだけよく知ろうという、純粋な動機に基づいたこの研究は、デスアールが強く願ったように、どんなことがあろうと、物質や精神を支配しようとたくらむ人間の権勢欲のために利用されてはならない、ということには変わりがないだろう。

本書では、フランスおよび世界各国の透視術、およびその周辺のさまざまな占い術が紹介されているだけでなく、歴史を遡って、占いが各時代に、国や社会からどのような迫害を受けたか、またそれにもかかわらず、人びとの切実な欲求に支えられて、時には歴史の表舞台に、多くの場合は社会の周縁に、どのように存在し続けてきたかについて、詳しく述べられている。

また、現代に生きる透視術師たちの活動の実態や、生活、および彼らの抱える諸問題や可能性、さらには地域でのあり方といった具体的な事柄にも触れており、一九八〇年における透視術の実態がつぶさに見てとれる。社会的なアプローチと細かい目配りは、類書に見られないものであろうが、何よりも、この本の使命は、透視というものをどのように考えたらよいか、その指針を与えることにあるように思う。

著者は、透視の能力は誰にでも幾分かは備わっているものであるという基本的な見解の上に立って、生まれつき、もしくは何らかのきっかけで驚異的な発現を示すさまざまなケースを紹介し、加えて透視の能力がいかんなく発揮されるために必要な条件、またその限界、公衆の面前で透視の実験を行なう際に、場合によっては避けられないいかさま行為などについて語っていくのであるが、その際のリアリティーは、当事者ならではのものであろう。著者が、透視は個人の人生のある時期において、心の問題を解決する手段の一つとして、今後とも必要であると説く、その言葉が説得力を持ちうる所以である。

哲学者ベルクソンが心霊研究会の会長を務めたという事実、古くはロベス・ピエールとサン・ジュストが、近年ではニクソンやアデナウアーが透視術師のもとを訪れたというエピソードも、あらためてこの術の社会における重要性を再認識させる。

ノストラダムスが予言したという終末の年が過ぎた後も、未知の未来に対するわれわれの関心が衰えることはない。

本書では多くの紙面を割かれてはいないが、文学のジャンルにおいても、人間のこの特異な能力への関心は、古今東西、つきることがない。アンドレ・ブルトンらによるシュルレアリスムの自動筆記の試みなどは、記憶に新しいところであろう。デスアールも言っているように、さまざまなジャンルの芸術活動において、このまだ充分知られていない能力は、限りない可能性を秘めており、こうしたいわば負のエネルギーは、目に見えないかたちで文明の一翼を担っているとも言えよう。

今回の翻訳は、透視術の歴史にも似て少なからず多難なものであったが、白水社の和久田頼男氏のご尽力により刊行に漕ぎ着けたことをここに記し、心からの感謝を捧げたいと思う。また、各国語についてご教示下さった、慶應義塾大学のマリ・ガボリオ氏、小川隆氏、八木麗娟氏、日本教文社の田中氏、その他、さまざまのご助言を頂いた方々に、この場を借りてお礼を言いたい。訳出に際しては、一九九二年の第三版を用い、一章から三章までのほぼ全部を笹本が、四章以降は阿部が担当し、文体の統一は阿部が行なった。

これまで、正夢程度しか信じたことのなかった訳者としては、本書の翻訳に際して苦労も多かったが、現代の透視術の代名詞とも言えるような著者に導かれて、透視の世界を巡るトリップをしていくなかで、学ぶことが多かったことを付記したい。

二〇〇三年　冷夏

阿部静子

用語解説

ESP: Extra Sensory Perception（英），PES: Perception extra-sensorielle（仏）：超感覚的知覚．超心理学において頻繁に用いられる省略語．

アクトマンシー ACUTOMANCIE：先の尖った物，とくにピンや針を用いる占いの方法．

悪魔つき POSSESSION，INCORPORATION：交霊術の実験．霊媒はトランス状態になって，肉体と精神を，ある肉体を離れた実体に委ねる．この実体はそれによってみずからの存在を示す．

アンクロマンシー ENCROMANCIE：インクのシミによる透視．

異言現象 XENOGLOSSIE：霊媒が通常は知らない外国語で，自分の考えを述べたり，書いたりする現象．

占い術 MANCIE，MANTIQUE：透視において超心理学的能力を現出させる方法，技法．

エクトプラズム ECTOPLASME：交霊会に際して，未知の物質が超常的に形成され，物体や，人間や動物などの固有の形をとること．

オースコピー OOSCOPIE，OOMANCIE：卵を用いた占いの呼称．

オーラ AURA： 透視家のほとんどが目にする光の放射，彩色された震動．人間の身体，および普通は動物，植物など，あらゆる生物の身体の周りに放射する．最近，旧ソ連の科学者，キルリアン（Kirlian）教授によってオーラを撮影できる器械が開発された．

女占い師 EXTRA-LUCIDE：１９世紀に透視の被験者に用いられた名．この用語は，今では使われていない．

数占い ARITHMOMANCIE：この占いの方法は現代ではnumerologieと呼ばれてる．数字や番号の象徴するものによって，未来を占う方法．アルファベットの文字に数字を当てはめて使うことが多い．

カトプトロマンシー CATOPTROMANCIE：鏡を用いた占いの古い呼称．

カフェドマンシー CAFÉDOMANCIE：コーヒーのだしがらを用いた占い．

幻覚 HALLUCINATION：実際の対象物のない知覚．もともとは超常的な情報を表現していることもある．

交霊術 SPIRITISME：nécromancieの現代的呼称．１９世紀にアラン・カルデックによって発表された教義．

サイ PSI：ギリシア語のアルファベットの文字．超心理学において超常的な被験者，あるいは事柄を示すのに用いられる．

催眠 HYPNOSE： 何らかの方法で，敏感な被験者に人為的にもたらされる眠り．潜在的透視能力を試すために利用される．

死者占い NÉCROMANCIE：交霊術，口寄せ．最も古い占いの方法の一つ．死者の霊を呼び起すことによる透視．

受信者 POSSESSION, PERCIPIENT：テレパシーの実験の際，相手の発信した考えを「感知する」被験者.

水晶占い CRISTALLOMANCIE： 水晶を用いた占い．一般的には水晶球を用いる.

占星術 ASTROLOGIE：惑星の位置，黄道十二宮と個人の運命との間に存在する関係についての研究一般.

探魂法 PSYCHOMÉTRIE：この事物は，ある人物に属する物，あるいは関係のある物を媒介として，その人物に関する事柄を超常的に知ること.

超感覚的知覚 CLAIRVOYANCE：特定の被験者が持っている透視の超常能力につけられた呼称．透視能力者（clairvoyants）は，より一般的には、透視術師（voyants）と呼ばれる.

超常的 SUPRANORMAL, PARANORMAL：既知のこと，通常のことを超えたすべての事物.

超心理学 ：① 実験に基づいて，科学的心理学には含まれない人間のさまざまな能力，テレパシー，透視，離れたものの感応力などを明らかにすることを目的とする新しい科学（PARAPSYCHOLOGIE）.
② métapsychiqueの古い呼称（PARAPSYCHOLOGIE）.

手相術 CHIROMANCIE, CHIROLOGIE, CHIROSCOPIE：手相やその固有の形によって，人の運命を占うもの.

テレパシー TÉLÉPATHIE：既知の感覚を超えて，2人の間で思考が伝播すること.

透視 CLAIRVOYANCE：超感覚的知覚を参照.

トランス TRANSE： 人間の超常状態．意識はかなり曖昧になり，超感覚的知覚が生れやすくなる.

トランプ占い CARTOMANCIE： トランプ，またはタロットを用いた占い.

ネガ CLICHÉ： 透視によって得られるヴィジョン.

念力 TÉLÉKINÉSIE：心の感応力のみによって，離れた物を動かすこと.

筆跡学 GRAPHOLOGIE：人の筆跡によって未来を占う方法．この方法は，心理学と関連して，次第に科学的になってきた.

ビブリオマンシー BIBLIOMANCIE：本を用いた占いの方法．当てずっぽうに本を開き，そのページに書いてある内容を神託のように解釈してみせる．キリスト教では一般に聖書を用いる．この手法は別名stichomancieともいわれる.

憑依 POSSESSION, INCORPORATION： 悪魔つきを参照.

メディア SUPPORT：mancie（占い）の同義語．現在，透視術師の間で非常に流行っている呼称．透視を行なうために使われる方法，および事物を指す.

夢占い ONIROMANCIE：予言的と考えられる夢の解釈と説明. .

予見 MANCIE, MANTIQUE：占い術を参照.

予知：① ESPによって，まだ起こっていない出来事を知覚すること.（PRECOGNITION）. ② 起こるべき事柄に関係のある，もともと超感覚的な予告（PREMONITION）.

ラップ：①「精霊」が発する異常な叩音につけられた呼称．交霊会の際や，霊媒を介して起こる（RAPS ）. ② 叩音による霊媒の交信方法（TYPTOLOGIE）.

霊媒 MÉDIUM：交霊術の教義において，感覚の鋭い被験者に与えられた名．彼岸および故人と交信する能力を持つ．

参考文献

BENDER（Hans）, *L'univers de la parapsychologie*, Dangles,1976.

BERTRAND（René）, *La télépathie et les royaumes invisibles*, Ed. Laffont.

BOURDOISEAU（Y.）, *Développez vos pouvoirs invisibles*, Presses de la Renaissance.

CASTANEDA, Voir Diffusion Sodis.

CHARON（J.）, *L'esprit, cet inconnu*, Albin Michel.

CHEIRO, *Ce que disent les mains*, Stock, 1970.

CONDÉ（B.G.）, *Traité de cristallomancie.*

CROUZET, *Comment devenir voyant et les merveilles de la magie.* Ed. Debresse.

DELACOUR（J.B.）, *L'art de la clairvoyance*, Ed. Québec/Amérique.

DESMOND（J.-P.）et GOULÈNE（P.）, *Enquête chez les voyants*, Alain Moreau,1978.

DE TERVAGNE（Simone）,*Une voyante à l'Elysée*, Pygmalion,1975.——*Les exploratrices de l'invisible,* Trévise.

DIERKENS（J. et C.）, *Manuel expérimental de parapsychologie*, Casterman, 1978.

DE VEER（O.）, *Découvrir votre avenir vous-même*, Ed. du Rocher.

DUPLESSIS（Y.）, *La vision parapsychologique des couleurs*, Ed. de l'Epi.

Encyclopédie de la divination, Tchou, 1965.

FLAMMARION（Camille）, *La mort et son mystère*, *Après la Mort*, Ed. *J'ai lu*, 1974（カミーユ・フラマリオン『死とその神秘』(大沼十太郎訳)，アルス社，1924年）.

GODEFROY（C.）, et RYZL（M.）, *Votre perception extra-sensorielle, vos pouvoirs extra-sensoriels* , Ed. C. Godefroy

GUILLOT（R.）, *Raspoutine et les devins des tsars*, Laffont.

HADES, *Manuel complet d'astrologie scientifique et traditionnel.*

HUSSON（P.）, *Testez vous-même votre perception extra-sensoriel*, Presses de la Renaissance.

HUTIN（S.）, *Les prophéties de Nostradamus*, Ed. Belfond.

KAPLAN（S.）, *La grande encyclopédie du tarot*, Tchou.

KARDEC（Allan）, *Le livre des médiums, le livre des esprits.*

KERSAINT, *Toute la numérologie* , Dangles.

LUZY, *La radiesthésie moderne*, Dangles.

MOODY（D^{r}）, *La vie après la vie*, Laffont.

NATAF（A.）, *La réincarnation et ses mystères*, Tchou, 1978.

OSTRANDER（S.）et SCHROEDER（L.）, *Fantastiques recherches para-psychiques en URSS*, Laffont, 1973.——*Nouvelles recherches sur les phénomènes Psi*, Laffont, 1977.

PAPUS, *Les arts divinatoires*, Dangles.
PAUWELS (L.) et BERGIER (J.), *Le matin des magiciens*, Gallimard, 1960.
PAUWELS (L.)et BRETON (G.), *Histoires magiques de l'histoire de France* (3vol.) Albin Michel, 1977.
PISANI (I.), *Mourir n'est pas mourir*, Laffont.
POLLACK (J.), *La clairvoyance prouvée*, Presses de la Renaissance.
PUHARICH (A.), *Les états seconds*, Tchou.
RHINE (J.B.), *La double puissance de l'esprit*, Payot, 1979.
RHINE (L.), *Initiation à la parapsychologie*, Presses de la Renaissance,1977.
(ルイザ・ライン『PSI——その不思議な世界』(笠原敏雄訳), 日本教文社, 1983年).
RYZL (M.), *Hypnotisme et ESP. Jésus, phénomène Parapsychologique*, Ed. Québec/Amérique.
TARG (R.)et PUTHOFF (H.), *Aux confins de l'esprit*, Albin Michel.
TCHOU EDITIONS, coll. 《*Les pouvoirs inconnus de l'homme*》: *Les extra-sensoriels, Le savoir antérieur, Le pouvoir péndule, Les pouvoirs des voyants ou la vie d'avance.*
TOCQUET (R.), *Les pouvoirs secrets de l'homme*, Production de Paris, 1963.
VICTOR (J.L.), *Nous sommes tous médiums*, Pygmalion, 1979.
WATSON (L.), *Histoire naturelle du surnaturel, Histoire naturelle de la vie éternelle, Je reviens de l'inconnu*, Albin Michel.

邦語文献

『新改訳聖書』(1984年. 2版) 日本聖書刊行会, 1965-1985年.
イヴォンヌ・カステラン『心霊主義——霊界のメカニズム』(田中義廣訳), 白水社文庫クセジュ739, 1993年.
イヴォンヌ・カステラン『超心理学』(田中義廣訳), 白水社文庫クセジュ780, 1996年.
笠原敏雄編　超心理学論争全史『サイの戦場』, 平凡社, 1987年.
春川さい仙『心霊研究辞典』, 東京堂出版, 1990年.
コリン・ウイルソン『世界超能力百科　上・下』(関口篤訳), 青土社, 1992年.
リン・ピクネット『超常現象の事典』(関口篤訳), 青土社, 1994年.
大谷宗司『超心理の世界』, 図書出版社, 1985年.
天外伺郎『「超能力」と「気」の謎に挑む』, 講談社ブルーバックス, 1993年.
P・ブランダムール校訂『ノストラダムス予言集』(高田勇／伊藤進編訳), 岩波書店, 1999年.
山本弘『トンデモ　ノストラダムス本の世界』, 洋泉社, 1998年.
ヘンリー・C・ロバーツ『ノストラダムス大予言原典　諸世紀』(大乗和子訳), たま出版社, 1975年.
エリカ・チータム『ノストラダムス全予言』(山根和郎訳), 二見書房, 1988年.

訳者略歴

阿部静子

東京大学文学部フランス語フランス文学科卒業

慶應義塾大学文学研究科フランス文学研究科博士課程単位修得満期終了

跡見学園女子大学、慶應義塾大学他講師

主要業績

G・バタイユ『マダム・エドワルダ』翻訳（訳詩誌《faune》所収）

「極私的アート論序説」（慶應義塾大学通信教育部『三色旗』所収）

主要論文

「バタイユのポエジー」「ふたりのフィリップ――ジョワイヨーとソレルス」「テル・ケルはなにをしたか」他

笹本孝

早稲田大学大学院文学研究科仏文学専攻博士課程単位修得満期終了

パリ第三大学へ留学

跡見学園女子大学人文学科教授

主要訳書

A・ブルトン『狂気の愛』

A・ブルトン詩集（共訳）

H・T・トロワイヤ『エグルチェール家の人々』

ヴィヴァン（共訳）

G・キリコ『エブドメロス』

G・キリコ『回想録』（共訳）他

透視術

二〇〇三年九月一〇日印刷

二〇〇三年九月二五日発行

訳者 © 阿《あ》部《べ》静《しず》子《こ》

笹《ささ》本《もと》孝《たかし》

発行者 川村雅之

印刷所 株式会社平河工業社

発行所 株式会社白水社

東京都千代田区神田小川町三の二四

電話 営業部〇三（三二九一）七八一一

編集部〇三（三二九一）七八二一

振替 〇〇一九〇―五―三三二二八

郵便番号一〇一―〇〇五二

http://www.hakusuisha.co.jp

乱丁・落丁本は、送料小社負担にてお取り替えいたします。

製本：平河工業社

ISBN4-560-05866-0

Printed in Japan

Q 哲学・心理学・宗教

Q 歴史・地理・民族(俗)学

Q 社会科学

Q 自然科学

Q 芸術・趣味

Q 語学・文学